# Daß ich Deine Wunder sehe

Umschlaggestaltung: Eberhard Platte, Wuppertal
Druck: Ebner Ulm
ISBN 3-89287-781-5

Erich Schmidt-Schell

# Daß ich Deine Wunder sehe

## 7 Erzählungen

CSV

Christliche Schriftenverbreitung
Postfach 100153, D-42490 Hückeswagen

# Inhalt

# Der Weg zum Licht begann im Dunkeln

„Vieles in meinem Leben habe ich nicht verstanden und mich bewußt dagegen aufgelehnt. Ich fühlte mich ungerecht behandelt, von Gott und der Welt. Rückblickend aber muß ich sagen: Alles war gut – jede Führung war genau auf mich zugeschnitten und machte mich zu dem Menschen, der ich heute bin. Wenn es nicht so gekommen wäre – wer weiß, vielleicht wäre ich heute eigensüchtig, einsam und verbittert. So aber wurde mir manches genommen; und ich bin nicht ärmer, sondern reicher geworden. An die Stelle des Alten trat Neues, und ich kann täglich erleben, daß ich ein Werkzeug in Gottes Händen sein darf. Das ist schön, sehr schön sogar!"

So beginnt Gisela jedesmal, wenn sie es für angebracht hält, ihre Lebensgeschichte zu erzählen. Damit ist sie schon vielen zur Hilfe geworden – auch mir. Deshalb gebe ich ihre Geschichte hier weiter.

„Ich entsinne mich noch gut an jenen Sonntag, als ich Peter kennenlernte, meinen späteren Mann", fährt Gisela dann meistens fort. „Ein herrlicher Tag war das. Die Sonne schien von einem wolkenlosen Himmel, und meine wanderfreudigen Eltern beschlossen, gute Bekannte in einem Nachbardorf zu besuchen. Zeitig machten wir uns auf den Weg und kamen kurz nach dem Mittagessen bei ihnen an.

„Da habt ihr Glück", sagte die Hausfrau nach der Begrüßung. „Einen Augenblick später, und ihr hättet vor verschlossener Tür gestanden. Wir wollen nämlich zum Missionsfest am Falkenstein."

„Aha", nickte mein Vater und warf Mutter und mir einen vielsagenden Blick zu. Wir wußten, daß die Bekannten vor einiger Zeit fromm geworden waren, dachten aber, das sei nur ein Strohfeuer gewesen und hätte sich wieder gelegt. In dieser Annahme sahen wir uns gänzlich getäuscht und standen etwas verlegen da.

„Ihr braucht aber nicht fortzulaufen. Ich finde es sogar gut, daß ihr gekommen seid. Ihr könnt mit uns zum Falkenstein kommen", sprach der Hausherr und lächelte so gewinnend, daß ich unruhig wurde. Ich wußte nämlich, daß Vater jetzt zusagen würde. Wenn jemand freundlich zu ihm war, konnte er nie „nein" sagen. So geschah es auch.

„Ja", meinte Vater, wenn auch etwas zögernd, „das ist kein schlechter Gedanke. Am Falkenstein waren wir schon lange nicht mehr. Bei dieser Gelegenheit kämen wir wieder mal hin."

Mutter und ich wollten Vater nicht bloßstellen, verkniffen uns den Widerspruch und marschierten wenig später mit den Bekannten zu dem herrlichen

Aussichtsort. Von der landschaftlichen Schönheit nahm ich allerdings nichts wahr. Der Groll in meinem Herzen hatte mich blind gemacht.

Verärgert fragte ich mich immer wieder: „Warum mußten wir auch gerade heute zu diesen Leuten gehen? – Weshalb lehnte Vater diesmal nicht ab? Er kann das Frommsein doch auch nicht leiden! Was sollen wir bei diesem Volk? Furchtbar langweilig wird es werden! – Ich laufe weg!“

Aber das tat ich nicht. Mir fehlte der Mut. So saß auch ich schließlich unter den frommen Leuten am Falkenstein. Meine Nachbarn mögen mich für besonders andächtig gehalten haben, weil ich anfangs den Kopf tief gesenkt hielt. Hätten sie aber in mein Herz sehen können, wären sie erschrocken gewesen. Da war keine Andacht, nur Aufbegehren und Ablehnung.

Nach einer gewissen Zeit wurde ich ruhiger und hob den Kopf. Es beeindruckte mich, daß so viele Menschen gekommen waren – nicht nur alte. Sie sangen Lieder, die mich so ergriffen, daß mir plötzlich Tränen in den Augen standen. Verstohlen wischte ich sie mit dem Taschentuch ab. Niemand sollte sehen, daß mich die Frommen ansprachen.

Kaum war der Gesang beendet, trat ein Redner an das Pult und sprach über ein Bibelwort, an das ich mich nicht mehr erinnere. Ich weiß nur noch, daß er allerhand Forderungen daran knüpfte, die mir gegen den Strich gingen und mich furchtbar ärgerten. Wieder faßte ich den Entschluß, wegzulaufen.

Diesmal hätte ich es auch beinahe getan. Ich war schon im Begriff aufzustehen, da hörte der Redner auf, und ein junger Mann trat ans Mikrophon. Aus tiefer Überzeugung erzählte er davon, wie er Jesus Christus in seinem Leben als Realität erfahren habe.

Das war für mich unvorstellbar. Er mochte vor zweitausend Jahren gelebt haben, aber was bedeutet das heute? Normalerweise hätte ich über solche Ausführungen gelacht. Daß ich es jetzt nicht tat, wunderte mich selbst. Kurze Zeit später wußte ich, weshalb ich mich so verhielt. Der junge Mann gefiel mir, trotz allem Unbegreiflichen, was er erzählte.

Als er vom Mikrophon zurücktrat, hatte sich sein Bild so stark bei mir eingeprägt, daß ich ihn mit geschlossenen Augen hätte zeichnen können. In mir stieg eine tiefe Sehnsucht auf, und ich überlegte, wie ich mit dem jungen Mann zusammentreffen könnte. Ich mußte ihn näher kennenlernen. Da kam mir die Idee, mich zu der Jugendgruppe zu gesellen. Aber was sollte ich mit den Jungen und Mädchen reden. Ich hatte keine Ahnung, für was man sich in solchen Kreisen interessierte.

Also blieb ich so ruhig wie möglich sitzen und blickte hin und wieder verstohlen zu dem schwarzhaarigen Jungen. Ich sah, wie er mit seinen Nachbarn sprach und lächelte. Dieses Lächeln wirkte sehr anziehend und nahm mich schließlich so gefangen, daß ich meinen Blick nicht mehr von dem Jungen wenden konnte. Von dem, was um mich herum geschah, nahm ich nichts mehr wahr.

Ich horchte erst wieder auf, als zum Schluß des Missionsfestes zu Kaffee und Kuchen im Grünen eingeladen wurden. Die Männer stellten dazu Klapptische auf, die Frauen deckten sie, und die Jugendlichen schleppten Bänke heran, auf denen nach und nach die Festteilnehmer Platz nahmen. Da meine Eltern nicht im Vordergrund erscheinen wollten, setzten sich die Bekannten mit uns an einen der hintersten Tische.

Den schwarzhaarigen Jungen hatte ich zu meinem Leidwesen während des Durcheinanders aus den Augen verloren. Doch plötzlich tauchte er mit drei Freunden an unserem Tisch auf und ließ sich nieder, nachdem er sich vergewissert hatte, daß die restlichen Plätze noch frei waren. Dabei kam er mir gegenüber zu sitzen. Wir schauten uns gegenseitig an. Schon nach wenigen Augenblicken hatte ich das Gefühl, daß auch er mich leiden mochte. Eigenartigerweise kam aber nur ein schwerfälliges Gespräch zustande.

Selbst die Jungen wußten plötzlich nichts mehr miteinander zu reden und saßen eine Weile stumm da. Schließlich begannen sie über das Programm ihrer Jugendgruppe zu sprechen. Auf diese Weise erfuhr ich, daß sie am nächsten Sonntag eine Wanderung machen wollten. Daran hätte ich mich, wegen des schwarzhaarigen Jungen, gern beteiligt. Daher stellte ich einige Fragen, die mein Interesse an der Wanderung deutlich machen sollten.

Der Schwarzhaarige verstand sofort, sah freudig auf und lud mich ein. Ohne zu zögern, nahm ich an, und er bat mich, ihn einfach Peter zu nennen. Mein Herz jubelte. Ich hatte mehr erreicht, als ich zu hoffen gewagt hatte.

Später, als wir uns auf dem Heimweg befanden, machte Vater seinem Unmut über das Missionsfest Luft und wetterte: „Wenn die ihre Kraft und Zeit für etwas einsetzen würden, was wirklich vorhanden ist, hätte ich alle Achtung vor ihnen. Aber so sind sie in meinen Augen Spinner!“

Mutter nahm an dem Wort Spinner Anstoß, stimmte aber sonst dem Vater zu. Schließlich meldete ich mich zu Wort und versetzte meine Eltern in Erstaunen.

„Ich bin da anderer Meinung“, sagte ich. „Woher nehmen wir das Recht, zu behaupten, daß unsere Ansicht die allein richtige ist? Gibt es außer dem, was man sehen und anfassen kann, tatsächlich nichts mehr? Heute hört und liest man doch immer wieder von Entdeckungen, von denen man früher nicht zu träumen gewagt hätte. Könnte es dann nicht möglich sein, daß auch das, was diese Leute glauben, Wirklichkeit ist?"

„Gisela!" Vater war entrüstet. „So kenne ich dich ja gar nicht. Wie kommst du darauf? In dieser Beziehung waren wir doch immer einer Meinung!"

„Du hast recht", nickte ich. „Wir waren einer Meinung. Aber wir sind es nicht mehr. Es gibt halt die Möglichkeit, daß man noch was dazulernt. Ich habe davon Gebrauch gemacht."

Vater blieb ruckartig stehen und sah mich groß an. Offensichtlich wußte er nicht, was er sagen sollte. Dann meinte er: „Wenn ich das gewußt hätte, wäre ich nie und nimmer auf das komische Fest gegangen."

So als wollte er etwas zertreten, setzte er seinen Weg mit festen Schritten fort. Nach wenigen Metern schüttelte er den Kopf, sah mich prüfend an und meinte: „Mädchen, ich kann nicht glauben, daß du deine Ansicht so plötzlich geändert hast. Du spielst uns nur was vor!"

Schweigend sah ich zu Boden. Mir bedeutete der Glauben ja tatsächlich noch nicht viel. Ich tat nur überzeugt, weil ich Peter liebte und er bei den Frommen war.

Schließlich wollte Vater wissen: „Hab ich dich durchschaut? Ist es so, wie ich vermute?"

„Nein", entgegnete ich und spielte meine Rolle so gut, daß er mir am Ende glaubte.

* * *

Auch die Mitglieder der Jugendgruppe kamen am folgenden Sonntag zu der Überzeugung, daß ich eine der ihren geworden sei. Nur Peter hatte seine Bedenken. Er fand meine Glaubensaussagen nicht überzeugend. Immer wieder gab er mir zu verstehen, daß alles zu auswendiggelernt klinge, daß kein persönliches Erleben dahinterstehe.

Seine Bemerkungen ärgerten mich, aber das zeigte ich nicht. Ich wußte nämlich, daß ich sonst meine Hoffnung auf eine engere Verbindung mit ihm begraben mußte. In den wenigen Stunden unserer Bekanntschaft war mir klar geworden, daß ihm der Glaube über alles ging, daß er nie ein Mädchen heiraten würde, das nicht bereit war, sich ebenso nach der Bibel zu richten wie er.

Also blieb ich tapfer und versuchte mit meinem ganzen Einfühlungsvermögen seine Bedenken zu zerstreuen. Dabei wunderte ich mich über mich selbst. Wie war es nur möglich, daß ich meinen Willen dem eines anderen unterordnen konnte. Noch vor Tagen wäre ich dazu nicht bereit gewesen, schon gar nicht, wenn mir der andere fromm gekommen wäre. Weshalb war das bei Peter anders?

Zuerst wollte ich mir nicht eingestehen, was in mir vorging, denn bisher war ich stolz darauf gewesen, nüchtern zu sein und mir niemals den Kopf verdrehen zu lassen. Auch von einem hübschen Jungen nicht. Nach einer gewissen Zeit gestand ich mir aber ein, daß ich in Peter grenzenlos verliebt war. Ich wollte keinen anderen als ihn zum Mann haben und war bereit, dafür jedes Opfer auf mich zu nehmen.

Das Leben im Jugendkreis gefiel mir mehr und mehr, und schließlich dachte ich, nun würde ich richtig glauben. Irgendwie mußte sich auch mein Reden verändert haben, denn Peter hörte auf, meine Äußerungen mit Bemerkungen zu versehen. Jetzt begann sich endlich das von mir so heißersehnte freundschaftliche Verhältnis zwischen uns anzubahnen.

Nach einigen Wochen bemerkte ich jedoch, daß mein Glaube doch von anderer Art war als der Glaube von Peter. Im Gegensatz zu ihm, war ich nicht bereit, die ganze Bibel anzuerkennen und mich in meinem Alltag nach ihr zu richten. Es ging mir gegen den Strich, Buße zu tun, auf meinem Weg umzukehren, denn dann hätte ich ja zugeben müssen, daß ich ein Sünder war. Vor Gott könnte ich nur bestehen, wenn ich die Versöhnung, die der Sohn Gottes am Kreuz von Golgatha errang, für mich ganz persönlich annahm. Trotzdem bezwang ich mich und machte weiterhin alles mit. Ich wollte ja Peter nicht verlieren.

Ich verlor ihn auch nicht. Wir wuchsen sogar weiter zusammen, und eines Tages fragte er mich: „Gisela, möchtest du meine Frau werden?"

Freudig stimmte ich zu.

Daraufhin schloß er mich in die Arme und küßte mich – zum ersten Mal.

Etwa ein Jahr später heirateten wir. Auch jetzt gewährte ich Peter noch keinen Einblick in die Tiefe meines Herzens. Ich gab mich weiterhin als die gläubige Gisela, obwohl ich mich innerlich nach wie vor gegen den Willen Gottes, so wie ihn uns die Bibel zeigt, stemmte. Diesen Widerstand konnte ich zunächst auch gut verbergen, da mich Peter mit überströmender Liebe umgab.

Mein Versteckspiel mußte ich erst aufgeben, als wir uns Kinder wünschten und keine bekamen. Aufbegehrend platzte ich heraus: „Was ist denn nun mit Gott? Er hat doch gesagt: Seid fruchtbar und mehret euch! – Dankt Er dir auf diese Weise, daß du Ihm so sehr vertraust und gehorchst?"

„Sei nicht ungerecht, Gisela", meinte Peter. „Wir sind noch nicht lange genug verheiratet. Noch können wir gar nicht sicher sein, daß uns keine Kinder geschenkt werden. Und wenn wir wirklich keine eigenen Kinder haben werden, so ist das trotzdem keine Strafe. Vielleicht sollen wir Kindern ein Zuhause geben, die von ihren Eltern verstoßen werden."

Ich schwieg, weil ich den Eindruck hatte, daß Peter glaubte, was er sagte. Doch halfen mir seine Worte wenig.

Ungefähr ein Jahr lang schlug ich mich mit dieser Sache herum. Dann verflog aller Kummer. Ich stellte fest, daß ich ein Kind erwartete. Die folgenden Monate waren eine sehr glückliche Zeit für uns.

Kurz vor der Entbindung wurde unser Vertrauen zu Gott auf eine harte Probe gestellt. Man gab uns im Krankenhaus zu verstehen, das Kind werde aller Voraussicht nach nicht lebend zur Welt kommen.

Mir war, als würde eine Welt zusammenbrechen. Sollte ich alle Beschwerden der Schwangerschaft vergeblich ertragen haben? – Das konnte ich nicht fassen und begann, mich erneut gegen Gott aufzulehnen. Peter dagegen ließ sich nicht aus der Ruhe bringen. Er zeigte sich zwar auch bedrückt, seine Einstellung gegenüber Gott veränderte sich allerdings nicht. Sein Vertrauen zu Ihm war so groß, daß er sagte: „Ich bin überzeugt, daß Gott auch heute noch Wunder tun kann. Gisela, wenn Er will, wird unser Kind lebend zur Welt kommen."

In diesem Augenblick kam mir Peter wie ein Fremder vor. Mir war, als sei er weit weg und gäbe sich keine Mühe, mich zu verstehen. Ich kam mir unsagbar verlassen vor und wurde böse auf Peter.

Dann mußte ich operiert werden. Als ich in den Operationssaal gefahren wurde, war ich sehr niedergeschlagen. Ich wünschte mir, ich würde nicht mehr aufwachen.

Aber alles kam ganz anders. Als ich wieder zu mir kam, sah ich Peter an meinem Bett sitzen. Noch bevor ich etwas sagen konnte, ergriff er meine Hand, drückte mir einen Kuß auf die Wange und strahlte über das ganze Gesicht. Unwillig drehte ich mich etwas zur Seite.

Er stand auf, beugte sich über mich und flüsterte mir ins Ohr: „Gisela, freu dich doch! Alles ist gut gegangen.

Unser Kind lebt. Wir haben einen gesunden Stammhalter."

Ich starrte Peter ungläubig an, weil die Worte des Arztes noch deutlich in meinem Ohr klangen: „Ihr Kind wird nicht lebend zur Welt kommen." Das konnte er nicht aus der Luft gegriffen haben. Für eine solche Äußerung mußte er doch stichhaltige Gründe haben ...

Wahrscheinlich ahnte Peter, was in mir vorging. Plötzlich richtete er sich auf und verließ das Zimmer. Kurze Zeit später kam er in Begleitung einer Krankenschwester zurück. Sie trug ein Kissen in den Armen, auf dem ein Baby lag.

„Sehen Sie sich den Kleinen gut an. Das ist Ihr Junge." Mit diesen Worten legte sie den winzigen Erdenbürger zu mir ins Bett. Als ich den kleinen Körper neben mir fühlte, durchströmte mich tiefes Glück, und ich brach in Freudentränen aus. Jetzt war ich Mutter! Diesen Augenblick hatte ich mir in der Vergangenheit oft vorgestellt. Doch die Wirklichkeit übertraf meine kühnsten Träume. Es war nicht nur schön, sondern wunderschön, Mutter zu sein.

Da war dieses Wort wieder, von dem Peter gesprochen hatte: Wunder! War hier ein Wunder geschehen, oder hatten sich die Ärzte ganz einfach getäuscht? Nur eines von beiden war möglich. Ich sah von dem Kleinen auf und blickte die Schwester an.

„Was meinen Sie, sind die Ärzte hier zuverlässig?" fragte ich plötzlich.

Offensichtlich verstand sie nicht, weshalb ich in dieser Lage eine solche Frage stellte. „Wie kommen Sie darauf?" kam es erstaunt über ihre Lippen. Sofort versicherte sie aber: „Selbstverständlich sind die Ärzte hier zuverlässig. Da bestehen für mich gar keine Zweifel."

„Wie ist es dann möglich, daß unser Kind lebt? Die Ärzte

behaupteten doch, es werde nicht lebend zur Welt kommen“, forschte ich.

„Ach so“, nickte sie. „Jetzt verstehe ich. Sie dürfen nicht denken, daß die Ärzte leichtfertig geurteilt haben. Nach menschlichem Ermessen konnten sie zu keiner anderen Annahme kommen. Daß es anders gelaufen ist, ist für uns alle ein Wunder!“

Da war erneut dieses Wort, das meines Erachtens nur für fromme Gemüter eine ernstzunehmende Sache darstellte. Ich fragte deshalb: „Gehören Sie einer bibeltreuen Gemeinde an?“

Wieder begriff die Schwester nicht, weshalb ich gerade jetzt eine solche Frage stellte, und sah mich groß an.

„Meine Frau ist der Meinung, daß nur gläubige Christen mit Wundern rechnen“, erklärte Peter und lächelte beruhigend.

„Nein, ich würde mich nicht zu diesen Leuten zählen“, meinte die Schwester. „Aber Wunder halte ich für möglich. In meinem Beruf habe ich erfahren, daß es viele Dinge gibt, die wir nicht in den Griff bekommen, wo aber dennoch eine Wende zum Guten eintreten kann.“

Daraufhin gab ich mich zufrieden. Wenn die Schwester, die sich nicht zu den Frommen zählte, Wunder für möglich hielt, dann mußte an der Sache etwas dran sein. In diesem Augenblick tat mir mein Verhalten gegenüber Peter leid. Ich hätte ihn gern um Verzeihung gebeten. Aber in Anwesenheit der Schwester traute ich mich nicht. Dafür sah ich ihn an, und er wich meinem Blick nicht aus. Nach einer Weile schien er zu ahnen, was in mir vorging, und nickte verstehend, so als wollte er sagen: Es ist alles gut.

Von da an sah ich in unserem Sohn einen Beweis dafür, daß alle Dinge zu einem guten Ende kommen können, wenn man sich wirklich auf Gott verläßt. Ich nahm mir vor, mich in Zukunft so wie Peter zu verhalten.

Zwei Jahre später wurde uns noch eine Tochter geschenkt. Diesmal verlief die Geburt ohne Schwierigkeiten. Ich sah darin eine Belohnung für mein Vertrauen auf Gott und beschloß, mich Ihm erkenntlich zu zeigen. In meiner Freizeit machte ich Hausbesuche bei den Alten und Kranken in unserer Gemeinde.

Zuerst hatte ich ziemliche Hemmungen. Vieles in mir sträubte sich dagegen, vor der Öffentlichkeit als Gläubige dazustehen. Nach einiger Zeit verlor sich diese Scheu. Mir wurde gesagt, daß ich die Sache gut machte; und ich wurde stolz darauf.

Unser Familienleben verlief so in ruhigen Bahnen. Eines Tages beklagte sich Peter über ein eigenartiges Blitzen in seinen Augen. Wir saßen gerade beim Frühstück, als er fragte: „Gisela, zieht ein Gewitter auf?"

„Nein. Warum fragst du?" erkundigte ich mich und bemerkte, daß Peter traurig wurde. Sofort fragte ich weiter: „Weshalb bist du jetzt enttäuscht?"

„Ich hoffte, daß die Blitze, die ich sehe, von draußen kämen. Aber offenbar ist etwas mit meinen Augen nicht in Ordnung. Schade", sagte Peter in gedämpftem Ton und sehr langsam.

„Peter, was hast du?" erkundigte ich mich besorgt.

Er überhörte meine Frage und rieb sich die Augen, als wollte er etwas fortwischen. Nach einer Weile hielt er inne und beklagte sich über einen dumpfen Druck auf der Stirn.

„Du gehst sofort zum Arzt", drängte ich.

„Ach", meinte er nach einer ausgedehnten Pause und blickte wieder hoffnungsvoller um sich, „wegen jeder Kleinigkeit braucht man den Doktor nicht zu belästigen. Das Blitzen in den Augen ist vorbei, und die Kopfschmerzen werden auch wieder vergehen. Ich bin sicher etwas erkältet."

Diese Erklärung leuchtete mir ein, und ich gab mich zufrieden.

In den nächsten Wochen traten diese Schwierigkeiten nicht mehr auf. Peter war wieder ganz der Alte. Zumindest mir gegenüber. An den Vorfall am Frühstückstisch dachte ich kaum noch. Da geschah etwas, was mich tief erschreckte. An einem Sonntagnachmittag machten Peter und ich einen ausgedehnten Spaziergang. Nach ungefähr einer Stunde erreichten wir einen kleinen Berg. Plötzlich fiel mir auf, daß Peter Mühe hatte. Er wurde blaß und war kaum in der Lage die leichte Anhöhe zu bewältigen.

„Ist dir nicht gut?“ fragte ich.

„Ich weiß nicht. Ich kann es nicht beschreiben. Mir ist etwas komisch. Ich denke, wir sollten langsamer gehen“, meinte er.

„Komm, wir drehen um und gehen nach Hause“, schlug ich vor.

Er wehrte ab, und wir setzten den Weg fort. Wenig später erreichten wir den Wald. Die Kühle tat meinem Mann gut. Er atmete tief durch, und ich beruhigte mich etwas.

Plötzlich rief er: „Gisela! Das Blitzen, das Blitzen ist wieder da!“

Erschrocken fuhr ich herum und griff nach seiner Hand. Doch ich konnte ihn nicht mehr halten. Er taumelte zur Seite und stürzte zu Boden. Schnell bückte ich mich, um ihm aufzuhelfen. Doch ich schaffte es nicht. Er war ohnmächtig.

Als ich ihn vorsichtig auf den Rücken gelegt hatte, überkam mich ein wildes Grauen. So laut ich konnte, schrie ich um Hilfe. Doch außer dem Echo kam keine Antwort. Wie eine Gehetzte rannte ich aus dem Wald auf die Straße, in der Hoffnung, hier einem Menschen zu begegnen, der mir helfen konnte. Kaum hatte ich die Straße erreicht, da näherte sich ein Auto und hielt an. Zu meinem Erstaunen war es unser Nachbar.

„Sie schickt der Himmel“, rief ich erleichtert.

Er war ein Mann, der vom Glauben nicht das Geringste wissen wollte. Daher hatte ich mich ihm gegenüber auch nie zu Christus bekannt. Jetzt schaute er mich an, als sei in meinem Kopf einiges durcheinander geraten. Spöttisch konterte er: „Lassen Sie den Himmel aus dem Spiel, der kann nichts dafür, daß ich hier mit Ihnen zusammentreffe. Mein Entschluß, eine Spazierfahrt zu machen, ist es, der mich hierher geführt hat. Sonst nichts.“

„Gut“, nickte ich und schwieg. Für mich stand aber dennoch fest, daß er mir geschickt worden war. Wer hatte ihm denn eingegeben, daß er gerade zu dieser Minute in diese Ecke kommen mußte! Der Zufall? Nun, dann mußte da wohl jemand sein, der einem etwas „zufallen“ ließ! Der Nachbar sah aber wie verstört ich war und fragte: „Ist Ihnen nicht gut?“

„Ach, mir geht es schon gut“, sagte ich. „Aber ...“ und jetzt erzählte ich kurz, was sich im Wald ereignet hatte.

Rasch stellte er sein Auto in einem Feldweg ab und rannte mit mir zu Peter. Schon aus einiger Entfernung sah ich, daß es meinem Mann wieder besser ging. Er versuchte aufzustehen, was ihm mit unserer Hilfe gelang. Er konnte sogar, gestützt auf den Nachbarn und mich, zum Auto wanken.

Auf der Heimfahrt erzählte er mir, das eigenartige Leuchten in den Augen sei in den letzten Wochen immer häufiger aufgetreten und von Mal zu Mal stärker geworden.

„Im Augenblick“, meinte er zum Schluß, „ist vor meinen Augen alles verschwommen.“

Diese Mitteilung beunruhigte mich, und ich sah auch Peter an, daß er sich Sorgen machte.

„Weißt du was", sagte ich. „Zu Hause legst du dich hin, und ich hole sofort den Arzt."

Diesmal war Peter einverstanden.

Als der Arzt kam, nahm er eine gründliche Untersuchung vor, konnte aber nichts feststellen. Trotzdem überwies er meinen Mann zu einem Augenarzt, um ganz sicherzugehen.

Am nächsten Morgen fuhren wir in die Kreisstadt, wo der Augenarzt seine Praxis hatte. Doch auch er konnte nichts feststellen. Und wir ließen uns nur zu gern beruhigen, daß nichts Ernstliches vorliege.

Eine Woche lang schien es auch so, als sei das Problem aus der Welt geschafft. Peter hatte über keinerlei Beschwerden zu klagen. Selbst die andauernde Müdigkeit, unter der er schon Monate vor dem ersten Blitzen in den Augen litt, war verflogen. An einem Morgen im Spätsommer kam dann plötzlich alles noch schlimmer. Wie jeden Tag, waren wir gemeinsam aufgestanden. Während sich Peter im Bad rasierte und wusch, kochte ich in der Küche den Kaffee und deckte den Tisch. Meistens wurden wir gleichzeitig fertig und konnten uns zusammen an den Tisch setzen. An diesem Tag jedoch, ließ Peter auf sich warten. Zunächst dachte ich nichts Schlimmes und wandte mich anderen Geschäften zu, weil ich nicht allein frühstücken wollte. Eine Weile später rief ich nach Peter. Er gab keine Antwort. Ich rief nochmals, etwas lauter. Als wieder keine Antwort kam, lief ich ins Bad, um nach Peter zu sehen. Doch das Bad war leer.

„Er ist bestimmt in die Garage gegangen, um am Auto noch etwas in Ordnung zu bringen", dachte ich.

Als er auch in der Garage nicht zu finden war, befiel mich große Angst. Schnell eilte ich ins Haus zurück, um im Schlafzimmer nachzusehen. „Vielleicht", so dachte ich, „hat er wieder einen Anfall bekommen und sich ins Bett gelegt."

Als ich den Flur betrat, sah ich, daß die Kellertür einen Spaltbreit geöffnet war. Langsam zog ich sie auf und stieß einen entsetzten Schrei aus, der durch das ganze Haus schallte. Auf dem Kellerboden lag, mit blutüberströmtem Kopf, mein Mann. Offensichtlich war er die Betontreppe hinuntergestürzt.

„Peter! Peter!" schrie ich aus Leibeskräften. Doch er rührte sich nicht. In diesem Augenblick war ich starr vor Entsetzen. Da erschien meine Schwiegermutter und rief: „Komm, laß uns ihm helfen!"

Wir stiegen in den Keller und versuchten Peter aufzurichten. Als wir ihn in Sitzhaltung gebracht hatten, fiel sein Kopf schlaff zur Seite. Dieser Anblick brachte mich ganz aus der Fassung. Ich umklammerte Peter, so fest ich nur konnte, und rief: „Nein! Nein! Lieber Gott, laß ihn bitte nicht tot sein!"

„Du hast recht, Gisela, daß du dich an den Herrn wendest", hörte ich da die tröstende Stimme meiner Schwiegermutter. „Er wird alles so lenken, wie es am besten ist. Das heißt aber nicht, daß es unseren Vorstellungen entsprechen muß. Aber jetzt geh und ruf den Doktor."

Wie ich zum Telefon kam, weiß ich nicht mehr. Auch das folgende Geschehen ist mir nicht mehr gegenwärtig. Meine Erinnerung setzt erst wieder ein, als der Arzt erklärte: „Ihr Mann muß sofort ins Krankenhaus."

Das war für mich ein Beweis dafür, daß Peter noch lebte. Ich war froh darüber und wollte ihn ins Krankenhaus begleiten. Der Arzt meinte jedoch: „Es hat wenig Sinn, daß Sie mitfahren, weil Ihr Mann sofort behandelt werden muß. Bei der Behandlung darf außer den Ärzten und Schwestern niemand zugegen sein."

Ich ließ mich überreden und blieb zu Hause. Allerdings fand ich keine Ruhe. Im Gegenteil. Je mehr ich über die

Worte und den Gesichtsausdruck des Arztes nachdachte, um so aufgewühlter wurde ich. Ich meinte zu wissen, daß es um Peter sehr ernst stand.

Nach dem Mittagessen hielt mich nichts mehr zu Hause. Ich mußte zu meinem Mann ins Krankenhaus. An der Rezeption erfuhr ich, daß Peter auf der Station für Herzkranke lag. Zu ihm durfte ich jedoch nicht, da an diesem Nachmittag keine Besuchszeit war. Ich ließ mich aber nicht abweisen und redete drängend auf den Mann ein. Schließlich telefonierte er mit dem Stationsarzt. Das Ergebnis lautete: „Sie können einen Augenblick mit Doktor Braun sprechen."

Wenige Augenblicke später saß ich dem Arzt gegenüber, und er sagte mir: „Die Platzwunde am Kopf Ihres Mannes ist nicht gefährlich. Allerdings haben wir festgestellt, daß sein Puls dreimal so hoch ist wie normal, und vermuten deshalb einen Herzanfall. Unsere Aufgabe in den nächsten Tagen wird darin bestehen, ihn eingehend zu beobachten."

Anschließend erhielt ich die Erlaubnis zu einem kurzen Besuch bei Peter. Er trug einen mächtigen Kopfverband und sah schlecht aus. Dennoch kam kein Wort der Klage über seine Lippen. Er versuchte sogar, mich zu trösten.

„Gisela", sagte er leise, „warum bist du so traurig? Vertraue doch darauf, daß uns nichts aus Gottes Hand reißen kann. Wenn es Sein Wille ist und ich jetzt schon sterben soll, dann darfst du wissen, daß der Tod nur ein dunkles Tor ist, durch das ich in das Vaterhaus gehe. Alle, die dem Herrn Jesus angehören, bekommen von Ihm gesagt: ‚In dem Haus meines Vaters sind viele Wohnungen; wenn es nicht so wäre, würde ich es euch gesagt haben; denn ich gehe hin, euch eine Stätte zu bereiten.'"

In diesem Augenblick kam mir Peter wieder wie ein Fremder vor. So wie damals bei der Geburt unseres ersten

Kindes. Meiner Erfahrung nach hing jeder Mensch am Leben; keiner starb gern. Er aber tat so, als sei das Sterben nicht mehr wie der Abschied vor einem Besuch bei einem guten Bekannten. Ich konnte mir sein Verhalten nur so erklären, daß er sich aufgegeben hatte. Das brachte mich vollkommen durcheinander. Am liebsten hätte ich meine Not laut herausgeschrien. Ich zwang mich aber zur Gelassenheit, weil ich Peter nicht beunruhigen wollte.

Wieder zu Hause, fiel alle Beherrschung von mir ab. Ich weinte so heftig, daß die Kinder mich mieden und von der Großmutter zu Bett gebracht werden wollten.

Als es still im Haus geworden war, ging ich auf die Knie und flehte: „Himmlischer Vater, laß Peter bitte nicht sterben. Schenke ihm seinen Lebenswillen wieder. Es kann doch nicht Dein Wille sein, daß Du ihn in der Blüte seiner Jahre von uns nimmst!"

Durch den Ausfall meines Mannes hatte ich über Arbeit nicht zu klagen. Meine Tage waren mehr als ausgefüllt. Ich konnte deshalb nicht zu jeder Besuchszeit im Krankenhaus sein. Dafür rief ich aber jeden Morgen an und erkundigte mich nach Peters Ergehen. Zweimal gab ich mich mit den Worten einer Schwester zufrieden, die mir versicherte: „Den Verhältnissen entsprechend geht es Ihrem Mann gut. Es besteht kein Grund zur Besorgnis."

Als ich diese Worte aber zum drittenmal hörte, wurde ich mißtrauisch. Wenn sie dir nichts anderes zu sagen weiß, dann stimmt etwas nicht, folgerte ich. An diesem Tag ließ ich nach dem Mittagessen die Arbeit Arbeit sein und eilte ins Krankenhaus.

Als ich Peters Zimmer betrat, fuhr mir ein tiefer Schreck in die Glieder. Ich fand ein leeres Bett vor und sah, wie eine jüngere Schwester die Sachen meines Mannes zusammenpackte. Für mich gab es keinen Zweifel mehr: Peter war gestorben. Mit Mühe schleppte ich mich zu einem

Stuhl und sank laut weinend darauf nieder.

„Du liebe Zeit, was haben Sie denn?“ fragte die Schwester erschrocken und kam zu mir gelaufen.

Ich war nicht fähig, ein Wort zu sprechen, und wandte meinen Blick zu dem leeren Bett. Die Krankenschwester verstand sofort und meinte: „Sie regen sich umsonst auf. Ihr Mann ist nicht tot. Er lebt. Es geht ihm sogar gut. Sein Herzschlag ist wieder normal. Wir konnten keinen Herzfehler feststellen. Er soll deshalb entlassen werden. Doktor Braun untersucht ihn aber gerade noch einmal.“

Im Nu verflog meine Traurigkeit. Ich wurde so froh, daß ich am liebsten aufgesprungen wäre und die Schwester umarmt hätte. Ich dachte: Wenn jemand Dank gebührt, dann nur Gott. Ich war überzeugt, daß es Peter nur auf Grund meiner Gebete wieder so gut ging. Erneut faltete ich still die Hände und begann zu danken, während die Schwester ihre Arbeit wieder aufnahm.

Kurze Zeit später erschien Peter. Erstaunt erblickte er mich. Ich stand auf und ging ihm entgegen. Wortlos fielen wir uns in die Arme und begannen vor Freude zu weinen.

„Wie das alles zusammenpaßt“, meinte Peter schließlich. „Es ist gut, daß du gerade in diesem Augenblick gekommen bist. Doktor Braun hat eben meiner Entlassung zugestimmt. Du kannst mich gleich mit nach Hause nehmen.“

Nichts tat ich lieber als das.

Obwohl meine Hausarbeit die gleiche geblieben war, fand ich jetzt etwas mehr Freizeit. Alle Tätigkeiten gingen mir nämlich flotter von der Hand als in den vergangenen Tagen. Das war auch gut so, denn Peter durfte noch nichts arbeiten und brauchte einige Pflege, die mir zufiel.

Die weitere ärztliche Betreuung war unserem Hausarzt übertragen worden. Ihn mußte Peter zweimal in der Woche aufsuchen. In der dritten Woche kam mein Mann mit nachdenklichem Gesicht nach Hause.

„Was hast du?“ fragte ich.

Er machte eine unschlüssige Handbewegung und meinte: „Ich weiß es nicht. Mit mir scheint etwas nicht zu stimmen. Unser Doktor hat zwar nichts gesagt, aber er besteht darauf, daß ich mich von anderen Ärzten untersuchen lasse. Ich habe den Eindruck, als ob er der Stabilisierung meines Gesundheitszustandes, von der im Krankenhaus gesprochen wurde, nicht ganz traut.“

„Ach, du mußt nicht gleich in alles etwas Schlimmes hineinlegen. Unser Hausarzt ist eben ein vorsichtiger Mann. Er will wahrscheinlich auf Nummer Sicher gehen und alles tun, damit die Sache endgültig aus der Welt geschafft wird“, gelang es mir, ruhig zu entgegnen, obwohl ich aus dem Verhalten des Arztes ebenfalls auf eine Verschlechterung von Peters Krankheit schloß.

Ich beruhigte mich jedoch bald wieder, weil keine der angeordneten Untersuchungen ein negatives Ergebnis brachte. Peter mußte also gesund sein, und wir waren froh darüber.

Unsere Freude währte jedoch nicht lange. Ungefähr zwei Monate, nachdem Peter aus dem Krankenhaus entlassen wurde, kam er von einem Spaziergang erschöpft zurück und legte sich ins Bett. Wenig später rief er nach mir. Als ich das Schlafzimmer betrat, sagte er: „Gisela, das Blitzen ist wieder da, und vor meinen Augen verschwimmt alles. Die Trübung scheint auf der linken Seite besonders stark zu sein.“ – Dann hob er die Hand, bewegte sie vor seinem Gesicht hin und her und erklärte: „Du – du, ich sehe links nichts mehr!“

Ohne eine Antwort zu geben, lief ich zum Telefon und rief unseren Hausarzt an. Es vergingen nur wenige Minuten, bis er bei uns erschien. Nachdem Peter seine Beschwerden geschildert hatte, sagte der Arzt: „Sehen Sie mal genau auf meine Nase, und halten Sie Ihre Hand links davon. – Können Sie ihre Hand sehen?"

„Nein", erwiderte Peter, und ich sah, daß er erschrak.

„Führen Sie Ihre Hand langsam nach rechts weiter, und halten Sie an, wenn Sie sie sehen können", bat der Arzt.

Peter befolgte die Anweisung und hielt seine Hand, die stark zitterte, erst an, als er sie fast ganz vor sein Gesicht gebracht hatte.

„Haben Sie Kopfschmerzen? Brennt es wie Rauch in Ihren Augen?" forschte der Arzt.

Peter bejahte. Daraufhin nickte der Doktor vielsagend und überwies ihn an einen Augenarzt.

„Was hat denn mein Mann?" fragte ich, als ich die Überweisung in Händen hielt.

Der Arzt gab keine klare Auskunft. Ich fühlte aber, daß er etwas über die Krankheit wußte, und wurde sehr unruhig.

Diesmal war meine Unruhe begründet. Die Untersuchung des Augenarztes ergab, daß Peter auf dem linken Auge blind war.

„Wir dürfen keine Zeit verlieren. Es muß rasch gehandelt werden", erklärte er und schickte uns nach einem Telefongespräch zu einem Neurochirurgen.

„Jetzt haben wir es, wonach die ganze Zeit gesucht wurde. Blindheit links bedeutet eine Störung in der rechten Gehirnhälfte", sagte mir der Neurochirurg unter vier Augen, nachdem er Peter eingehend untersucht hatte.

„Um was für eine Störung handelt es sich?" fragte ich.

„Mit letzter Sicherheit kann ich noch nicht sagen, ob es ein Tumor ist", erklärte er. „Aber soviel steht fest, daß sich in der hinteren Hälfte des Gehirns, und zwar auf der rechten Seite, eine krankhafte Veränderung befindet."

„Warum hat man das nicht früher erkannt?" wollte ich wissen.

„Ja", meinte der Arzt, „das ist eben das Schlimme solcher Gewächse unter dem Schädeldach. Sie entgehen dem groben Instrument des Elektroenzephalogramms."

Ich wußte nun, daß Peter eine gefährliche Wucherung im Gehirn hatte. Das machte mich aber nicht unruhiger, als ich ohnehin schon war. Ich sagte mir: Jetzt wo der Krankheitsherd bekannt ist, wird man Abhilfe schaffen können. Von daher konnte ich Peter am nächsten Tag zuversichtlich ins Krankenhaus ziehen lassen.

Ich täuschte mich. Bei meinem ersten Besuch wurde mir fast alle Hoffnung genommen. Die Stationsschwester teilte mir mit, daß der Chefarzt mich zu sprechen wünschte. Sofort ging ich zu ihm. Der Arzt machte ein bedenkliches Gesicht. Was er im einzelnen sagte, nahm ich nicht auf. Ich war zu erregt. Nur seine letzten Worte prägten sich mir tief ein: „Es wird ein Kampf auf Leben und Tod werden. Aber bitte, machen Sie Ihrem Mann gegenüber keine Andeutung, und lassen Sie sich auch nichts anmerken."

„Du hast gut reden", dachte ich. „Wie soll ich ein freundliches Gesicht machen, wo ich weiß, daß der Tod mit an seinem Bett steht!"

Beim Betreten des Krankenzimmers fiel es mir aber nicht schwer, zuversichtlich zu wirken, weil Peter einen sehr guten Eindruck machte. Seine Wangen trugen ein frisches Rot, seine Augen leuchteten klar, und er war so aufgeweckt, daß er sich nach den verschiedensten Dingen zu Hause erkundigte und mir Anweisungen gab. Als ich wieder ging, konnte ich mir nicht vorstellen, daß er am Rande des Grabes stehen sollte.

Bei meinem nächsten Besuch wurde mir aber die harte Wirklichkeit vor Augen geführt. Man hatte die ersten Behandlungen bei Peter vorgenommen, und er sah elend aus. Zunächst tröstete ich mich mit dem Gedanken: Es wird wieder aufwärts gehen, wenn die Anwendungen abgeschlossen sind. Als die Behandlungen aber kein Ende nahmen, Peter jedoch zusehends verfiel, kannte ich keine

Geduld mehr. Ich sprach mit unserem Hausarzt und drängte darauf, daß Peter in ein anderes Krankenhaus verlegt wurde, das meines Erachtens besser eingerichtet war. Hier nahm man sich meines Mannes in liebevoller Weise an. Das war aber auch alles. Im übrigen stieß ich auf hilfloses Achselzucken und die niederschmetternde Antwort: Zu spät!

Damit wollte ich mich nicht abfinden. Ich sagte mir: „Heute, wo sich die Wissenschaft auf einem so hohen Stand befindet, wo Herzverpflanzungen vorgenommen werden, wo man viele Tonnen schwere Flugkörper und sogar Menschen in den Weltraum senden und auf dem Mond landen lassen kann, muß es doch möglich sein, Peter zu helfen!"

Wieder drängte ich auf eine Verlegung meines Mannes und setzte sie auch durch. Aber erneut stieß ich auf das niederschmetternde „Zu spät!"

Als ich eine weitere Verlegung ins Auge faßte, sträubte sich Peter dagegen. „Gisela", sagte er, „ich möchte jetzt in Ruhe gelassen werden. Wenn es Gottes Wille ist, daß ich sterben soll, kannst du mich hinbringen lassen, wohin du willst, Sein Wille wird dennoch geschehen. Begreife doch endlich, daß mit dem Tod nicht alles aus ist. Unser Körper wird zwar zerfallen, aber unsere Seele und unser Geist nicht. So wie uns gesagt ist: Was sichtbar ist, das ist zeitlich, was aber unsichtbar ist, das ist ewig."

Wenn er so sprach, hätte ich am liebsten aufgeschrien: „Sei ruhig! Merkst du denn nicht, daß du mir damit das Herz noch schwerer machst? Was habe ich davon, daß mit dem Tod nicht alles aus ist, wenn du nicht mehr bei mir bist!"

Doch ich hörte ihm geduldig zu und bemühte mich sogar, ihm Hoffnung auf Genesung zu machen. Welche Kraft mich das kostete, kann ich nicht beschreiben. Alles kam mir ohne ihn so öde und sinnlos vor. In dieser Lage nahm ich eines Tages meine Zuflucht zu Gott. Ich sagte mir: Wenn Menschen nicht mehr helfen können, dann muß es aber Gott noch möglich sein.

Als es am Abend still im Haus geworden war, ging ich auf die Knie. In meinem Herzen ging es auf und nieder. Zuversicht wechselte mit tiefem Verzagen.

„Du, Gott, wenn Du allmächtig bist, dann zeige es jetzt, und laß meinen Mann nicht sterben!" mit diesem Ausruf beendete ich meinen Gebetskampf, als der Morgen zu dämmern begann.

Ich ließ mich auf mein Bett fallen, weil ich vor Aufnahme der Tagesarbeit noch ein wenig ruhen wollte. Aus dem Ruhen wurde aber ein tiefer Schlaf. Er war so tief, daß ich das Telefon nicht läuten hörte. Deshalb ging meine Schwiegermutter an den Apparat. Als sie dann unser Schlafzimmer betrat, schrak ich auf.

„Gisela", sagte sie erregt, „du wirst am Telefon gewünscht. Die Nachtschwester vom Krankenhaus ist dran."

Zitternd am ganzen Körper lief ich ins Wohnzimmer und hörte die Stimme am anderen Ende der Leitung sagen: „Kommen Sie schnell. Mit Ihrem Mann steht es nicht gut."

Während ich mich wusch und umkleidete, ging meine Schwiegermutter zu einem Bekannten und bat ihn, mich ins Krankenhaus zu bringen, da ich nicht in der Lage war, unser Auto zu steuern. Der Bekannte war ein flotter Fahrer. Er legte den Weg zur Klinik schneller zurück, als mir das bei früheren Fahrten gelungen war. Das war auch gut so, sonst wären wir zu spät gekommen.

Als ich das Krankenzimmer betrat, gab es für mich keinen Zweifel mehr, daß es mit Peter zu Ende ging. Sein Gesicht glich dem einer Wachsfigur. Trotzdem glitt ein freundliches Lächeln darüber, als er mich erblickte. Zum Gruß streckte er mir beide Hände entgegen, die sehr zerbrechlich wirkten, wie aus feinem Porzellan gemacht. Ich war erstaunt darüber, wie fest er damit noch drücken konnte.

Als ich neben ihm auf dem Bett Platz genommen hatte, begann er mit seinen Lippen Laute zu formen. Während ich ihm mit der Hand über sein Haar strich sagte ich: „Streng dich nicht an. Es ist schon gut. Du brauchst nichts zu sagen."

Er schüttelte schwach den Kopf und versuchte erneut zu sprechen. Diesmal konnte ich ihn verstehen: „Danke", hauchte er, „danke schön, – daß du – gekommen bist. – Ich möchte dir – auf Wiedersehen sagen. – Gisela, – bitte – versprich mir, – daß du den Herrn Jesus als deinen Heiland annimmst, – wenn du es – noch nicht – wirklich – getan hast, – damit wir uns – einmal – wiedersehen."

„Ja, Peter, ja das verspreche ich dir", nickte ich unter Tränen. Mit diesem Versprechen war es mir wirklich ernst. Ich hatte in diesem Augenblick große Sehnsucht nach Geborgenheit im Herrn und mir lag alles daran, in der Ewigkeit dort zu sein, wo Peter war.

Als ich das Versprechen gegeben hatte, schloß Peter erschöpft die Augen. Nach einer Weile fiel sein Kopf zur Seite, und er ließ meine Hände los. Ich wußte: Jetzt ist er heimgegangen. Diesen Augenblick hatte ich mir die ganze Zeit schrecklich vorgestellt. Doch jetzt empfand ich keinen Schrecken. Ich konnte nicht einmal weinen. Mir war so, als sei er gar nicht von mir gegangen. Durch sein Reden vom Wiedersehen fühlte ich mich auf eigenartige Weise fest mit ihm verbunden.

Erst auf dem Friedhof packte mich das heulende Elend. Ich konnte an nichts mehr denken, als daran, was ich mit Peter verloren hatte. Der Verlust stand wie ein unbezwingbarer Berg vor mir. So kam es, daß ich eine solche Untergangsstimmung an den Tag legte, daß einige Trauergäste ihre Köpfe schüttelten und meinten: „Sie müßte sich aber anders verhalten, wo sie doch die ganze Zeit mit der Bibel zu den Alten und Kranken lief."

Als mir das zu Ohren kam, versuchte ich in der Öffentlichkeit Haltung zu bewahren. Ich wollte mir keine Schwäche nachsagen lassen und nicht zum Gespött der Leute werden. Jeder sollte sehen, daß ich mein Leid tapfer tragen konnte.

Einige Tage ging das gut. Dann machte mir die Tapferkeit zu schaffen. Es war unheimlich schwer, vor den Leuten die Starke zu spielen, während mir das Herz blutete. Zu einer besonderen Belastung wurde mir unsere Nachbarin Luise, obwohl sie kein Wort sagte. Sie schaute mich nur eigenartig an und hatte oft Gelegenheit dazu. Was sie damit bezwecken wollte, war mir allerdings nicht klar.

Oft nahm ich mir vor, Luise anzusprechen. Ergab sich jedoch die Gelegenheit dazu, traute ich mich nicht. Schließlich wurde die Sache unerträglich für mich, und ich zog meine Schwiegermutter ins Vertrauen.

„Ich hätte eine Erklärung dafür, weshalb sich Luise so verhält", sagte sie. „Sie möchte sehen, wie du mit deinem Leid fertig wirst. – Erinnerst du dich nicht mehr an die Zeit vor zwei Jahren – damals, als Luises Mann starb? Du gingst doch zu ihr und wolltest sie trösten. Sie nahm dir aber nichts ab und meinte: Geh fort mit deinen frommen Sprüchen, da steckt nichts dahinter! Du hast gut reden, du hast deinen Peter noch. Du weißt nicht, was es heißt, den Mann zu verlieren. – Nun ist die Reihe an dir. Nun möchte sie sehen, wie es mit deinem Glauben steht, ob er echt ist und trägt."

Diese Erklärung leuchtete mir ein und stachelte mich an, weiterhin tapfer zu sein. Luise sollte sehen, daß ich keine frommen Sprüche gemacht hatte, sondern anders durch das Leid gehen konnte als sie. Dabei kam ich mir oft wie ein Brunnen vor, aus dem immer nur geschöpft wird, der aber keinen Zufluß mehr erhält.

Eines Abends begann ich nach dem Sinn meines Handelns zu fragen: „Was hast du davon, daß du vor Luise die Zufriedene spielst? Du bist es nicht und wirst es dadurch auch nicht. Im Gegenteil, du machst alles noch schlimmer. Du verbrauchst all deine Kraft, um vor den Leuten zu strahlen, zu Hause aber klappst du dann zusammen und bist nicht mehr zu genießen."

Mir kam all meine Hoffnungslosigkeit zum Bewußtsein, und ich begann so laut und heftig zu weinen, wie ich das bisher noch nie getan hatte.

Plötzlich ging die Kinderzimmertür auf, und meine kleine Tochter kam heraus. Sie machte ein verstörtes Gesicht, krabbelte auf meinen Schoß und drückte sich fest an meine Brust, als wollte sie mich trösten. Ich ließ sie schweigend gewähren und schlang meine Arme um sie, weil mir ihre Liebkosungen unbeschreiblich wohltaten. Einen Augenblick später versetzte mich die Kleine jedoch in Unruhe.

„Mama", fragte sie, „ist der liebe Gott ein Lügner?"

„Wie kommst du denn darauf?" horchte ich erstaunt auf.

„Durch dich!" erklärte die Kleine mit unschuldigem Gesicht.

„Durch mich?"

„Ja, Mama. Du hast mir doch erzählt, der liebe Gott hätte versprochen, alle Menschen in den Himmel zu holen, die hier auf der Erde an Ihn glauben. Dort ist es viel schöner als hier, hast du gesagt. Da wäre niemand mehr krank, alle würden sich nur noch freuen. Unserem Papa muß es dann doch gutgehen. Aber du weinst immer so viel und tust so, als ob man dem lieben Gott nicht trauen kann."

Diese Worte schreckten mich auf. Mir wurde schlagartig meine Schuld bewußt, und ich versuchte, mich zu rechtfertigen. Was ich der Kleinen alles sagte, weiß ich nicht mehr. Meines Erachtens muß es ziemlich verworren gewesen sein. Trotzdem gab sich meine Tochter nach einer gewissen Zeit zufrieden, und ich brachte sie wieder zu Bett.

Kurz danach legte auch ich mich nieder. Schlafen konnte ich allerdings nicht. Meine Gedanken waren wie Hunde, die auf dem Spaziergang mit ihrem Herrn vor- und zurücklaufen, den Weg dreimal machen. Einen Ausweg aus meiner Situation fand ich aber nicht. Sie war und blieb für mich verworren.

Erst gegen Morgen schlief ich ein und wäre wohl vor Mittag nicht aufgewacht, wenn meine Schwiegermutter nicht gegen sieben Uhr an die Schlafzimmertür geklopft hätte.

Nachdem die Kinder aus dem Haus waren, setzten wir uns beide an den Frühstückstisch. Kaum hatte ich den Kaffee ausgeschenkt, sagte meine Schwiegermutter: „Gestern abend war wohl Beate bei dir im Wohnzimmer."

„Ja. Warum?" erkundigte ich mich.

„Ich habe es gehört", sagte die Schwiegermutter, sonst nichts.

Ich merkte aber, daß sie noch mehr auf dem Herzen hatten, und fragte: „Hast du mitbekommen, was sie wollte?"

Sie schüttelte den Kopf. „Nein. Aber ich kann mir denken, was sie bewegte."

„So?" forschte ich erstaunt.

„Ja. Ich beobachte schon seit einiger Zeit, daß die Kleine mit deinem Verhalten nicht klarkommt", erklärte die Schwiegermutter.

Das kam als unerträgliche Kritik bei mir an, und ich wollte aufbrausen. Im letzten Augenblick besann ich mich aber eines Besseren und schwieg.

Nach einer Pause fuhr die Schwiegermutter fort: „Gisela, warum bist du auch so? Weshalb mußt du zu Hause eine so bedrückende Stimmung verbreiten? Kannst du nicht ein bißchen getroster sein?"

Sie sagte das nicht vorwurfsvoll, sondern in einem lieben Ton, der mir helfen sollte, zur Besinnung zu kommen. Doch ich begriff das nicht, verlor die Beherrschung und brauste nun los.

„Ihr habt alle gut reden. Ihr wißt offensichtlich nicht, wie mir zumute ist! Wäre euch das klar, würdet ihr nicht ständig mit Forderungen kommen. Ich soll in der Öffentlichkeit die Starke spielen und auch zu Hause. Das geht auf die Dauer nicht! Irgendwann ist meine Kraft zu Ende. Ich brauche schließlich einen Ort, wo ich so sein kann, wie ich bin! Und wenn dieser Ort nicht im eigenen Haus sein kann, wo denn sonst! Ich frage dich: Wo?"

Meine Schwiegermutter gab nicht sofort Antwort. Sie ließ zunächst den Kopf sinken und sah traurig zu Boden. Ich wußte, daß ich ihr wehgetan hatte mit der Behauptung, daß sie gut reden habe. Schließlich litt auch sie unter Peters Tod. Er war ja ihr Kind, ihr einziges sogar. Doch sie versuchte nicht, sich zu rechtfertigen.

Als sie zu sprechen begann, sagte sie: „Gisela, ich denke, daß du mich gründlich mißverstanden hast. Ich weiß sehr wohl, daß aus einem Topf keine Milch kommen kann, wenn nur Wasser drin ist. Mir ist auch klar, daß das bei einem Menschen nicht anders ist. Es kann nur das aus ihm herauskommen, was in ihm drin ist. Und es wäre eine Überforderung, wenn ich etwas von ihm verlangen würde, was er nicht hat. Ich..."

„Also willst du damit sagen, daß ich voller Unruhe bin,

weil nur Unruhe aus mir herauskommt!" fiel ich der Schwiegermutter ins Wort.

Beruhigend kam es über ihre Lippen: „Gisela, sei mal ehrlich. Ist es nicht wirklich so?"

Ich schwieg, weil ich es nicht fertig brachte „Ja" zu sagen, obwohl ich wußte, daß sie recht hatte.

„Weißt du", fuhr die Schwiegermutter fort, „ich wollte vorher keine neue Forderung an dich herantragen. Ich wollte dich nur dazu bewegen, dich zu öffnen, damit etwas anderes in dich hineinkommen kann. Denk doch daran, daß der Herr sagt: „‚Kommt her zu mir, alle ihr Mühseligen und Beladenen, und ich werde euch Ruhe geben.'"

„Ach", meinte ich und machte eine abwehrende Handbewegung. „Das klingt zwar schön, aber ich weiß nicht, ob man es so nehmen kann. Wenn irgend jemand, dann müßte wohl ich getröstet sein, dann hätte der Herr mir Trost geben müssen. Was habe ich für Ihn und Seine Sache nicht schon alles getan! Aber wie sieht es bei mir aus! Ich könnte nicht sagen, daß ich getröstet bin."

„Das muß aber nicht am Herrn liegen, daß es so ist, Gisela. Wenn ein Patient die Medizin nicht so nimmt, wie sie vom Arzt verordnet wurde, dann braucht er sich nicht zu wundern, daß er nicht gesund wird", gab meine Schwiegermutter zu bedenken.

Wieder wehrte ich ab und wurde etwas böse: „Jaja, ich bin an allem schuld. Ich hätte mir gleich denken können, daß bei dir nichts anderes herauskommt."

Meine Schwiegermutter ging auf diese Anklage nicht ein und fuhr gelassen fort: „Gisela, nimm mir bitte ab, daß ich dich nicht quälen will. Aber um der Wahrheit und um deiner selbst willen, damit dir wirklich geholfen werden kann, muß ich dir sagen, daß du zwar manches getan hast, was der Herr gebot, aber nicht alles. Deshalb hast du auch nur einiges von dem erhalten, was Er zu geben vermag, aber nicht alles. Er kann wirklich volles Genüge schenken. Das erfordert aber auch vollen Gehorsam. Ein gutes Beispiel dafür hast du doch an Peter. Denk doch daran, wie getrost er in allen Situationen sein konnte."

Inzwischen hatten wir das Frühstück beendet. Ich schwieg erneut weil ich wußte, daß meine Schwiegermutter recht hatte. Trotzdem paßten mir ihre Worte nicht, und ich war verärgert.

Wenig später erhob sie sich und begann den Tisch abzuräumen. Dabei sagte sie – und ich konnte ihren Worten entnehmen, daß sie meinen Unwillen bemerkt hatte –: „Gisela, es gibt nur zwei Möglichkeiten. Entweder du ordnest dich dem Willen des Herrn unter und wirst dabei getrost, oder du beharrst auf deinen Vorstellungen und wirst daran zerbrechen. Er hat gesagt, daß Er die Tür ist, die zum wahren Leben führt. Und wer dieses wahre Leben will, der muß eben die Tür benutzen. Und wer es nicht für nötig hält, die Tür zu benutzen, der darf sich nicht wundern, wenn er sich an der Wand den Kopf einrennt."

Ich verzichtete darauf, noch eine weitere Erklärung abzugeben, und verließ die Küche. In den folgenden Wochen kam zwischen mir und meiner Schwiegermutter kein Gespräch mehr zustande. Ich versuchte, ihr aus dem Weg zu gehen und in meinem Leben änderte sich nichts.

Dann kam ein Abend, an dem ich meinte, nicht mehr weiterleben zu können. Gerd, mein zwölfjähriger Junge, hatte mir bisher wenig Anlaß zur Besorgnis gegeben. Vor allem war er zuverlässig. Er machte seine Schularbeiten korrekt und kam immer pünktlich nach Hause. Doch an diesem Tag hatte ich den Abendbrottisch schon eine ganze Weile gedeckt, und Gerd kam nicht. Zunächst dachte ich noch nichts Schlimmes und fragte Beate:

„Weißt du vielleicht, wo er hingegangen ist?“

Da sie keine Auskunft geben konnte und Gerd auch in der nächsten halben Stunde nicht erschien, rief ich bei seinen Freunden an. Doch er war bei keinem, und alle versicherten mir, ihn an diesem Nachmittag auch nicht gesehen zu haben.

Jetzt begann ich mir ernsthaft Sorgen zu machen. Zuerst dachte ich an ein Verbrechen. Man hörte und las ja immer wieder davon, daß Kinder von Sittenstrolchen entführt und umgebracht wurden. Vielleicht war Gerd einem solchen Verbrecher in die Finger gelaufen. Wenn das der Fall sein sollte, dann war es höchste Zeit, die Polizei zu verständigen. Ich ging zum Telefon, hob den Hörer ab und wollte wählen. Doch plötzlich legte ich ihn wieder auf. Mich zog es mit aller Gewalt in Gerds Zimmer.

Sofort stieg ich nach oben. Als ich das Zimmer des Jungen betrat und seine Sachen sah, wurde mir so weh ums Herz, daß ich zunächst einmal weinen mußte. Ich fühlte, daß ich in letzter Zeit an ihm ebenso schuldig geworden war wie an Beate. Ich konnte mich nicht erinnern, wann ich zum letzten Mal mit Gerd ein längeres Gespräch geführt und ihn liebkost hatte.

Schließlich begann ich mich näher umzusehen und entdeckte auf dem Schreibtisch einen Zettel. Ich beugte mich darüber und las: „Bitte sucht nicht nach mir. Ihr werdet mich nicht finden. Ich bin fortgelaufen, weil ich es zu Hause nicht mehr aushalte. Mutter macht alles so bedrückend und kümmert sich nicht mehr um mich. Omi, entschuldige bitte, daß ich das getan habe, aber ich kann nicht mehr anders. Gerd.“

Die erste Reaktion war Verärgerung. Der Ärger so stark, daß er sogar die Sorgen verdrängte und ich den Vorsatz, die Polizei zu verständigen, fallenließ.

„Wenn er deswegen fortgelaufen ist", sagte ich mir, „wird er schon bald wieder zurückkommen. Er hat es doch sonst nicht schlecht bei mir. Ich habe ihm fast jeden Wunsch erfüllt. Das wird ihm schon bewußt werden, wenn er irgendwo im Dunkeln sitzt."

Doch Gerd kam weder in dieser Nacht noch am folgenden Tag nach Hause. Als der nächste Abend kam, ließ mir meine Schwiegermutter keine Ruhe mehr, ich fügte mich ihrem Drängen und gab bei der Polizei eine Vermißtenanzeige auf. Sie leitete sofort eine große Suchaktion ein, die allerdings ohne Erfolg blieb. Gerd kam auch in dieser Nacht nicht nach Hause. Es sah wirklich so aus, als sollten wir ihn nicht mehr finden, zumindest nicht mehr lebend. Was ich in diesen Stunden mitgemacht habe, läßt sich mit Worten nicht beschreiben. Am nächsten Morgen versagte mein Kreislauf, und ich klappte zusammen.

Als ich wieder einigermaßen bei mir war, galt mein erster Gedanke Gerd, und ich fragte nach ihm. Zu meiner Erleichterung wurde mir gesagt, man habe ihn inzwischen gefunden. Was ich weiter erfuhr, war allerdings weniger erfreulich. Gerd, so sagte man mir, wollte erst dann wieder zurückkehren, wenn ich mich geändert hätte. Ich wußte zwar, daß er auf Grund des geltenden Rechts zwangsläufig wieder zu mir zurückgebracht würde, dennoch traf mich diese Mitteilung wie ein Schlag. Was war in dem Jungen vorgegangen, daß er plötzlich so von mir, seiner Mutter, dachte! Mit einem Mal kamen mir die Worte meiner Schwiegermutter in den Sinn: „Wenn du so weitermachst, wirst du alle Verbindungen zu den Menschen in deiner Umgebung zerstören und schließlich selbst zerbrechen."

Ja, es sah wirklich so aus, als ob das einträfe. Es war nicht mehr zu leugnen. Ich wollte zwar den Zerbruch nicht. Aber ich konnte ihn nicht aufhalten. Zumindest nicht aus eigener Kraft. Was hatte ich nicht schon alles versucht, und es war nicht besser, sondern schlimmer geworden. Gab es keine Rettung mehr für mich? Konnte es bei uns nicht mehr anders werden?

Wieder kamen mir die Worte meiner Schwiegermutter in den Sinn: „Wenn du den Teufelskreis durchbrechen willst, mußt du dich ganz auf die Seite des Herrn stellen. Dann wird Er ganz zu dir stehen und dir das geben, was du nicht zustande bringst."

Bisher hatte ich mich vor diesem Schritt gescheut, weil ich dachte, es könnte nicht gutgehen, wenn man sich so ganz aufgeben und sich allein auf den Herrn verlassen würde. Aber inzwischen war mir klar geworden, daß meine Vorstellungen nicht viel taugten. Also, was hinderte mich? Schlechter, als es im Augenblick bei mir war, konnte es nicht mehr werden.

Ich faltete die Hände und sagte: „Herr, ich weiß es – ich bin ein Dummkopf, ich hätte es leichter haben können, wenn ich gleich zugegeben hätte, daß ich eine Versagerin bin. Aber ich war zu stolz, ich wollte mir nicht eingestehen, daß ich nicht in der Lage bin, mein Leben aus eigener Kraft in Ordnung zu bringen. Auch wenn ich es nicht aussprach, dachte ich doch, daß Du für mich nicht hättest sterben müssen. Ich hielt meine Schuld nicht für so schlimm und merkte nicht, daß ich Dich damit zum Lügner abstempelte. Du sagst uns ja, daß wir nicht anders zu erlösen waren, als daß Du für uns sterben mußtest. Bitte vergib mir! Jetzt habe ich nichts mehr vorzuweisen als ein verpfuschtes Leben. Und ich bin Dir so dankbar für die Zusage, daß Du niemand, der zu Dir mit reuigem Herzen kommt, von Dir stoßen, sondern ihn heilen wirst. Ich möchte mich nun ganz in Deine Hände legen. Bitte mache mein Leben neu, so wie Du in Deinem Wort sagst, und ich will Dir dafür danken – immer!“

Zum erstenmal in meinem Leben verspürte ich nun ganz bewußt die tragende Hand Gottes. Ich mußte mich nicht mehr anstrengen, um getrost zu sein, ich war es ganz einfach. Ich konnte nun auch verstehen, daß Peter mitten im Leid zuversichtlich war. Ja, die größte Erleichterung für mich war, daß ich seinen Tod nicht mehr als Verlust empfand. Ich wußte ihn im himmlischen Vaterhaus, wo es kein Leid, keine Krankheit und nichts mehr gibt, was uns hier noch beschwert.

Damit war der Bann gebrochen, und in unserem Haus zogen wieder Freude und Zufriedenheit ein, so daß sich alle wohl fühlen konnten.

* * *

Wochen später kam mich unsere Nachbarin Luise besuchen. „Gisela“, sagte sie, „jetzt möchte ich dir danken.“

„Wofür denn?“ fragte ich erstaunt.

„Du weißt doch, damals, als mein Mann starb, kamst du zu mir und wolltest mich trösten. Ich schickte dich aber weg. Ich konnte es nicht hören, was du sagtest. Es klang so komisch. Es hatte nichts mit der Wirklichkeit zu tun. Ich wußte damit nichts anzufangen. Auch kurz nach dem Tod deines Mannes konnte ich dir noch nichts abnehmen. Wie du dich zeigtest, das war nicht echt. Aber seit einiger Zeit ist das anders, da strahlst du etwas Frohmachendes aus. Jetzt kann ich dir abnehmen, daß es einen Gott gibt, der Lasten tragen hilft. Wenn ich Ihn auch noch nicht kenne, so habe ich aber die Hoffnung, daß ich Ihn noch kennenlernen werde. Diese Hoffnung hast du mir gegeben, und dafür möchte ich dir danken.“

Luise war die erste, der ich Wegweiser zum Herrn hin sein durfte. In der Zwischenzeit sind es viele geworden. Ja, ich darf es noch heute erleben, daß mich der Herr als

Sein Werkzeug gebraucht. Und gibt es etwas Schöneres, als ein Werkzeug in Gottes Hand zu sein? Für mich nicht. Ich werde deshalb auch nie arbeitslos werden, solange ich lebe."

So endet Gisela ihre Erzählung, und man spürt, daß sie mit dem ganzen Herzen dahintersteht.

# Licht fällt in ein verpfuschtes Leben

Seit dem ersten Gespräch, das ich mit Kurt führte, behauptet er, ich sei dümmer, als die Polizei erlaubt. So ausfallend benimmt er sich mir gegenüber, weil ich einen anderen Standpunkt vertrete als er und nicht bereit bin, seine Manieren anzunehmen.

Jetzt habe ich ihm gesagt, daß ich mich nicht mehr in eine Diskussion mit ihm einlassen werde. Das halte ich auch strikt ein. Die ständigen Zänkereien bringen nichts ein.

„Okay", sagte er, „von mir aus mach doch, was du willst. Ich habe meine Erfahrungen gemacht und wollte nur dein Bestes. Du wirst sehen, wie weit du mit deiner Gutgläubigkeit kommst. Dir werden die Augen schon noch aufgehen."

Immer, wenn Kurt sich nicht mehr zu helfen weiß, pocht er auf seine Erfahrungen im Betrieb und versucht, mir alle Vorgesetzten und einen großen Teil der Kollegen madig zu machen. Nur er allein will und tat das Gute. Alle anderen sind Egoisten, hinterlistig und schlecht.

Das nehme ich ihm aber nicht ab, obwohl ich erst vier Wochen im Betrieb bin und er schon ein Ausbildungsjahr hinter sich hat. Schließlich habe ich auch bereits Erfahrungen gesammelt und müßte lügen, wenn ich sagen würde, daß mir einer Unrecht getan hätte. Ich kann mir auch beim besten Willen nicht vorstellen, daß Ehrlichkeit und Freundlichkeit nicht anerkannt werden, wie Kurt behauptet.

So wie ich ihn bis jetzt kennengelernt habe, muß er völlig verdorben sein. Wie könnte er sonst auf solche Gedanken kommen und hinter allem, was die Arbeitskollegen tun, etwas Schlechtes sehen. Man traut doch anderen nur das zu, wozu man selbst fähig ist! – Wenn er nur ein bißchen Einsicht aufbringen würde, müßte er sich sagen, daß er bei seinem Verhalten von den anderen keine Freundlichkeit erwarten kann. Von Vertrauen ganz zu schweigen.

Mit dem Lagerleiter, dem ich jetzt zur Ausbildung zugeteilt wurde, versteht sich Kurt überhaupt nicht. Ich dagegen komme ganz gut mit ihm aus. Zugegeben, Herr Trott ist nicht fehlerlos. Manchmal nimmt er sich ein bißchen zu wichtig, aber sonst ist er in Ordnung. Er bemüht sich, mir etwas beizubringen, und läßt auch ganz vernünftig mit sich reden. Ich kann mir allerdings gut vorstellen, daß er mir gehörig über den Mund fahren würde, wenn ich mich so aufführte wie Kurt. Und das mit Recht, finde ich. Soll er sich vielleicht von einem Azubi auf der Nase herumtanzen lassen?

Also, von mir aus kann mich Kurt jetzt bezeichnen, wie er will. Ich lege mich nicht mehr mit ihm an und lasse mich auch nicht von ihm unsicher machen. Ich weiß nämlich, daß ich nicht schief liege.

* * *

Es zeigt sich immer deutlicher, daß mein gutes Verhältnis zu Herrn Trott Kurt ein Dorn im Auge ist. Ganz besonders ärgert es ihn aber, daß ich mir seine Anschuldigungen und Verdächtigungen nicht mehr anhöre. So leicht, wie ich anfangs dachte, fällt mir das allerdings nicht. Manchmal muß ich mich schon gewaltig zusammennehmen. Kurt denkt gar nicht daran aufzugeben. Im Gegenteil. Es hat den Anschein, als ob ihn mein Verhalten zu immer neuen und massiveren Angriffen anregen würde. Dabei wird er auch immer ungerechter.

Das wollte ich natürlich nicht. Ob ich vielleicht doch wieder mit ihm reden soll? –

Wenn ich es mir recht überlege, ist mein Schweigen ein Stück Feigheit und Bequemlichkeit. Ich wollte mir damit meine Ruhe erkaufen, und ich scheute mich, Farbe zu bekennen. Warum eigentlich? Das ist doch nichts Schlechtes, wenn der Glaube an Gott sichtbar wird. Ganz klar, ich muß mich anders verhalten. Kurt muß merken, daß ich ihm helfen möchte.

* * *

Wäre ich nur nicht auf die dumme Idee gekommen zu schweigen. Kurt nimmt mir jetzt nichts mehr ab. In seinen Augen bin ich zu einem Duckmäuser und Moralmuffel geworden, der unbedingt etwas Besseres sein will. Und daß Kurt jetzt auch über mich negativ redet und falsche Gerüchte verbreitet, war ja eigentlich zu erwarten.

Neuerdings hat er in der Berufsschule auch zwei Freunde gefunden, die mit ihm ins gleiche Horn stoßen. Mit ihrer Hilfe versucht er nun, mich bei den anderen Schülern anzuschwärzen. Ein Glück, daß sie von Kurt und seinen Kumpeln auch nicht besonders viel halten, sonst wäre die Schule für mich eine Qual.

Aber es ist auch so schon schlimm genug. Immer deutlicher zeigt sich, daß Kurts ständiges Bemühen, mir die unmöglichsten Sachen zu unterstellen, bei den anderen nicht ohne Wirkung bleibt. Sie unternehmen zwar nichts gegen mich, wie das Kurt und seine Freunde tun, aber sie helfen mir auch nicht. Sie grinsen frech oder lachen höhnisch, wenn die Drei sich über mich lustig machen. Und je mehr ich mich dagegen wehre, um so toller treiben sie es. Das trifft mich sehr. Was mir am meisten zu schaffen macht, ist die Bemerkung eines Schulkameraden, der zu mir sagte:

„Ich weiß natürlich, daß Kurt schwindelt, aber etwas Wahres wird schon dran sein."

Was soll ich da noch machen, wenn meine wirklich ernstgemeinten Bemühungen, aufrichtig und gerecht zu sein, auf diese Weise abgetan werden? – Sieht so vielleicht das Böse aus, von dem der Lehrer neulich im Religionsunterricht gesprochen hat? –

Ganz bestimmt. Dann muß ich aber gewaltig auf der Hut sein. Von so etwas kann man leicht selbst erfaßt werden, ohne es recht zu merken. Ich muß meinen Weg genauso unbeirrbar gehen wie Kurt den seinen. Es wird sich dann schon zeigen, wer am besten fährt. Auf die Dauer wird er mit seinen Lügen nämlich nicht durchkommen. Irgendwann werden die anderen merken, daß ich doch nicht so bin, wie Kurt behauptet.

* * *

Zu allem Unglück habe ich nun doch mit Herrn Trott Krach bekommen. Warum muß das gerade jetzt geschehen? –

Kurt freut sich natürlich riesig darüber und fühlt sich in seiner Meinung bestärkt.

„Ich habe es dir ja gleich gesagt, daß er ein ganz gefährlicher Bursche ist", posaunte er. „Aber du wolltest es nicht glauben. Da hast du es nun. Das geschieht dir recht. Hoffentlich kommst du jetzt zur Besinnung."

Ziemlich sonderbar ist es ja, daß Herr Trott gleich so empfindlich reagierte, als ich von Meister Hensler gelobt wurde, weil ich gute Fortschritte mache. – Aber ist Herr Trott deshalb schon ein schlechter Mensch, wie Kurt behauptet? – Nein, das kann ich nicht glauben. Das ist wieder eine seiner Übertreibungen. Sicher ist Herr Trott heute morgen mit dem verkehrten Bein aufgestanden. So etwas kann ja einmal vorkommen. Morgen ist bestimmt wieder alles vorbei.

Kurt meinte natürlich gleich: „Du bist ein hoffnungsloser Fall. Was denkst du wohl, weshalb er eingeschnappt ist? Doch nur, weil nicht er gelobt wurde. Für ihn wäre alles in Ordnung gewesen, wenn Meister Hensler gesagt hätte: Herr Trott, Sie haben den Jungen vorbildlich ausgebildet. Ich werde dem Betriebsleiter den Vorschlag machen, Sie bei der Besetzung des nächsten Meisterpostens zu berücksichtigen."

„Er hat sich auch große Mühe mit mir gegeben", hielt ich dagegen. „Sonst wäre ich bestimmt noch nicht so weit."

„Menschenskind, nun komm endlich zu dir. Seine ganzen Bemühungen wären doch witzlos gewesen, wenn du nicht mitgemacht hättest", meinte Kurt. „Siehst du das nicht ein? Verkriech dich doch nicht immer so."

„Das tue ich ja gar nicht", entgegnete ich. „Ich versuche, die Sache von zwei Seiten zu sehen."

„Von mir aus kannst du sie von sechs Seiten anschauen. Ich sage dir aber das eine, wenn du so weitermachst, wirst du noch dein blaues Wunder erleben. Bilde dir bloß nicht ein, daß der Trott um deine Ausbildung besorgt wäre. Wenn es nur um dich ginge, würde er keinen Finger krumm machen. Alles was er tut, macht er letzten Endes für sich selber. In diesem Fall ist seine Rechnung aber nicht aufgegangen. Was tut der liebe Herr Trott? Er beschwert sich darüber, daß er ungerecht behandelt wird, und hackt jetzt auf dir herum, weil du für ihn uninteressant geworden bist. Bei mir war das nicht anders. Aber ich habe ihm gezeigt, daß er mich nicht für dumm verkaufen kann."

Wenn man Kurt so reden hört, könnte man meinen, daß er recht hat; aber ich finde, daß er einen ganz entscheidenden Fehler macht. Mit seinem Verhalten gießt er nur Öl ins Feuer. –

Nein, ich werde mich nicht von der „weichen Welle", wie Kurt mein Vorgehen bezeichnet, abbringen lassen. Ich werde nicht auf seinen Kurs umschwenken und wie er sagen: Auf einen groben Klotz gehört ein grober Keil.

Heute hatte es freilich keinen Zweck, mit Herrn Trott über die Geschichte zu sprechen. Er war zu aufgebracht. Aber morgen werde ich mich in aller Ruhe mit ihm darüber unterhalten.

* * *

Als ich heute morgen in den Betrieb kam, machte Herr Trott noch immer ein saures Gesicht. Er tat so, als sei ich überhaupt nicht da. Alles wollte er allein machen. Es wird am besten sein, dachte ich, du tust so, als sei nie etwas zwischen uns gewesen. Vielleicht läßt sich auf diese Weise das alte Verhältnis am schnellsten wiederherstellen. – Aber Herr Trott dachte gar nicht daran, seinen Mund aufzumachen. Statt dessen warf er mir oft böse Blicke zu.

Ehrlich gesagt, mir wäre es vielleicht auch auf die Nerven gegangen, wenn einer ständig um mich herumgelaufen wäre und dabei vieles gemacht hätte, was total verkehrt war. Aber was hätte ich denn sonst tun sollen? Herr Trott antwortete ja nicht einmal auf meine Fragen.

Warum ist er nur so stur? dachte ich. Wenn er sich benachteiligt fühlt, dann soll er doch zu Meister Hensler gehen und sich beschweren und seine Wut nicht an mir auslassen. Was habe ich denn mit der ganzen Geschichte zu tun? Meister Hensler ist von sich aus gekommen und hat mich gelobt. Aber so, wie sich Herr Trott anstellt, sieht es ja fast aus, als ob ich dem Meister den Auftrag dazu gegeben hätte.

Kurt grinste nur. Er hätte mich fast zur Raserei gebracht. Am liebsten hätte ich ihn verprügelt, denn im Grunde hatte er ja recht. Was Herr Trott und ich praktizierten, war wirklich lachhaft. Das Schlimmste war nur, daß wir uns damit gegenseitig das Leben schwer machten. So kalt, wie Herr Trott tat, ließ auch ihn die Geschichte nicht – das merkte ich ganz deutlich. Manchmal war er mit seinen Gedanken gar nicht bei der Arbeit. Es unterliefen ihm Fehler, die er bei seiner Gewissenhaftigkeit sonst nie gemacht hätte.

Den tollsten Schnitzer leistete er sich, als Balzer ins Lager kam und neues Material holen wollte. Herr Trott schrieb ihm viel weniger auf, als er ihm gab. Zuerst wollte ich ja ruhig sein und Herrn Trott auflaufen lassen. Bei der Abrechnung hätte ihm der Betriebsleiter den Marsch geblasen, wenn er mit einem gewaltigen Minus gekommen wäre. Aber das brachte ich nicht übers Herz.

„Herr Trott“, sagte ich, „ich glaube, hier stimmt was nicht. Sehen Sie sich den Ausgabezettel von Herrn Balzer noch mal an.“

„Na und?“ brauste er auf.

„Ich glaube, Sie haben da zu wenig Material eingetragen“, bemerkte ich schüchtern.

Du liebe Zeit, da hatte ich etwas angerichtet. Er sah mich an, als wollte er mich fressen, und schrie: „Weshalb schnüffelst du ständig in meinen Sachen herum? Wer hat dir den Auftrag dazu gegeben?“

„Niemand“, versicherte ich. „Ich habe es zufällig gesehen und wollte Ihnen Scherereien ersparen.“

Das nahm er mir aber nicht ab und schrie weiter: „Was ich mache, geht dich gar nichts an! Hast du mich verstanden?“

„Ja! Aber ich wollte Ihnen wirklich nur helfen“, versicherte ich wieder.

Doch er lachte nur höhnisch und meinte: „Du willst mir helfen?! Ich kenne euch Paschkes doch. Du hast schon gut von deinem Alten gelernt, das muß ich sagen. Bilde dir bloß nicht ein, daß du mich mit deinem frommen Getue auch einwickeln und aufs Kreuz legen kannst. Da hättest du früher aufstehen müssen."

Ich war sprachlos und fragte mich, was mein Vater in dieser Geschichte zu suchen hatte. Ich verstand jetzt gar nichts mehr und hätte mich ohrfeigen können, daß ich Herrn Trott auf seinen Irrtum hingewiesen hatte. Nein, schwor ich mir, in Zukunft wirst du ihn auf nichts mehr aufmerksam machen, und wenn er sich die tollsten Fehler leistet. Mag es nun recht sein oder nicht. Herr Trott will es ja offenbar nicht besser haben.

„Siehst du, mein Freund, jetzt kommen wir uns schon näher", meinte Kurt.

Wenn ich so überlege, hat er tatsächlich recht. Aber was soll ich machen? Ich weiß keinen anderen Ausweg mehr. Alles ist so furchtbar kompliziert geworden. – Kurt meinte: „Herr Trott muß der Auffassung sein, daß Meister Hensler dich nur deshalb gelobt hat, weil er sich bei deinem Vater, der die Einkaufsabteilung des Betriebes leitet, beliebt machen wolle. Jeder versucht ja mit allen Mitteln, möglichst schnell hochzukommen."

Ich widersprach Kurt: „Nein, ich kann mir nicht vorstellen, daß Meister Hensler mich deshalb gelobt hat. Wenn es aber wirklich so ist, dann ist er auf dem Holzweg. Auf so was wird sich mein Vater niemals einlassen. Dafür kenne ich ihn viel zu gut."

„Kann sein", meinte Kurt. „Ich jedenfalls würde für meinen alten Herrn nicht die Hand ins Feuer legen."

„Aber ich kann das mit ruhigem Gewissen tun", behauptete ich.

„Naja", zweifelte Kurt, „hoffentlich verbrennst du dir dabei nicht die Finger. Hundertprozentig ist dein Vater auch nicht. Man hört so einiges über ihn."

„Das kann ich mir gut vorstellen. Sie werden neidisch

sein, weil er sich vom einfachen Arbeiter zum Abteilungsleiter emporgearbeitet hat“, entgegnete ich.

Kurt zuckte mit den Schultern: „Emporgearbeitet?“ fragte er. „Ich weiß nicht. Mit ehrlicher Arbeit wird man es nicht so weit bringen können, jedenfalls nicht in diesem Betrieb.“

„Mit was denn sonst?“ wollte ich wissen.

„Na – zum Beispiel mit Radfahren“, meinte er. „Weißt du – nach oben buckeln und nach unten treten.“

„Willst du damit sagen, daß mein Vater...“

„Ich sage gar nichts“, wehrte er ab. „Ich erzähle nur das, was ich gehört habe, und danach muß sich dein Vater so einiges geleistet haben. Vielleicht würde sonst Herr Trott an seiner Stelle da oben sitzen. Er muß damals auch im Gespräch gewesen sein, als der Posten neu besetzt werden sollte. Jetzt hat er natürlich Angst, aufs Abstellgleis geschoben zu werden. Wenn man nicht wie ein Luchs aufpaßt, kann einem das hier ganz schnell passieren.“

„Und wenn schon“, wandte ich ein, „inzwischen müßte mich Herr Trott so gut kennen, daß er weiß, daß ich ihm nichts anhängen will.“

„In dieser Beziehung kann man keinem trauen“, meinte Kurt. „Jeder ist sich selbst der Nächste. Zudem merkst du ja auch nicht, daß ich dir helfen will.“

„Das soll eine Hilfe für mich sein? Daß ich nicht lache!“

„Ach, rutsch mir doch den Buckel runter. Du bist und bleibst eben ein dummer Heini!“ Bums. Kurt war wieder beleidigt und ließ mich einfach stehen.

* * *

Eigentlich wollte ich gleich mit Vater über diese Geschichte reden, als ich nach Hause kam. Ich konnte nicht glauben, was mir Kurt erzählt hatte, obwohl alles recht überzeugend klang. Doch komischerweise hatte ich auf einmal Hemmungen. Ich brachte es einfach nicht fertig, Vater darauf anzusprechen. Irgend etwas hielt mich zurück, obwohl ich mir sagte: Du weißt doch ganz genau, daß du dich mit ihm über alles unterhalten kannst. Was hast du ihm auch nicht schon alles erzählt! Ich mußte an die Streiche denken, die ich in der Schule und bei den Nachbarn angestellt hatte, und wie ich mit allem, wovon meine Klassenkameraden nicht mit ihren Eltern sprechen konnten, zu meinem Vater gekommen war. Sicher, er hatte mich auch schon mal geschlagen, aber ich konnte nicht behaupten, daß er mich ungerecht behandelt hat. In den meisten Fällen hatte ich die Schläge verdient – ich mußte dazu stehen.

Trotzdem, ich konnte mich nicht überwinden, von der Geschichte mit Herrn Trott zu erzählen. Ich hatte das Gefühl, als hätte sich Vater im Verlauf des Tages verändert, als könne er mir nicht mehr in die Augen sehen. Besonders verdächtig kam er mir vor, als wir nach dem Abendessen in das Wohnzimmer gingen. Er legte sich auf die Couch und tat so, als wollte er schlafen. Ich setzte mich in einen Sessel, nahm die Zeitung und versuchte zu lesen, aber es gelang mir nicht. Immer wieder sah ich über den Zeitungsrand hinweg und bemerkte, daß mich Vater ebenfalls beobachtete. Da war ich mir ganz sicher, daß er ein schlechtes Gewissen hatte. Also hat er sich doch den Posten des Abteilungsleiters auf unredliche Art und Weise erworben, schoß es mir durch den Kopf, und ich glaubte, mitsamt dem Sessel in den Keller zu versinken.

„Peter, was machst du da? Warum zerknitterst du die Zeitung?“ hörte ich Mutter auf einmal ärgerlich rufen, und ich glaube, daß ich bis hinter die Ohren rot anlief.

„Na, Berta, deshalb brauchst du dich nicht gleich so aufzuregen“, meinte Vater. „Du wirst deine Sonderangebote schon noch lesen können. Nicht wahr, Peter?“

Aha, dachte ich, jetzt möchte er dich in ein Gespräch verwickeln und die ganze Sache abbiegen. Aber ich merkte sehr bald, daß Vater gar keine Ahnung davon hatte, womit ich mich herumschlug; daß er sich ganz einfach Sorgen um mich machte; daß er Angst hatte, ich hätte etwas angestellt und wollte nicht mit ihm darüber sprechen. Da begann ich mich zu schämen, daß ich Vater für so schlecht gehalten hatte. Nicht er, sondern ich war anders geworden. Ich hatte mich von Kurt vollkommen durcheinanderbringen lassen.

Um Vater nicht im Ungewissen zu lassen, erzählte ich ihm nun die ganze Geschichte und mußte feststellen, daß er sie gar nicht so aufregend fand, wie ich angenommen hatte. Offensichtlich hatte er in dieser Beziehung schon mehr gehört. Wahrscheinlich geht es ihm genau wie dir, dachte ich. Wenn man sich bemüht, etwas Anständiges zu erreichen, und nicht mit dem Strom schwimmt, werden einem überall und von allen Seiten Schwierigkeiten gemacht. Nur, wie Vater damit fertig wurde, das fand ich erstaunlich. Ich kann Anschuldigungen nicht so gelassen hinnehmen. Bei mir kommt jedesmal alles durcheinander. Darin bin ich wie Mutter. Sie konnte sich über die Geschichte nämlich nicht beruhigen. Sie fand, das sei eine Ungeheuerlichkeit sondergleichen, die sich Vater nie und nimmer gefallen lassen dürfe.

Er ließ sich aber auch von ihr nicht aus der Ruhe bringen: „Frau", sagte er, „was hätte es denn für einen Sinn, wenn ich Krach schlagen würde? Meinst du, Trott würde daraufhin seine Meinung ändern? Bestimmt nicht! Ich kann mir gut vorstellen, daß es ein harter Brocken für ihn war, als ich die Stelle in der Einkaufsabteilung bekam, auf die er so scharf war. Vielleicht ist auch tatsächlich der Eindruck entstanden, als hätte ich hintenherum etwas gedreht. Es ist am besten, man läßt die Sache auf sich beruhen. Die

Hauptsache ist doch, daß ich mir nichts vorzuwerfen habe. Was Kurt betrifft, stört es mich noch weniger. Der Junge plappert nur den üblichen Klatsch nach und macht selbst noch einiges dazu. Soll ich mich deshalb mit Trott anlegen? Nein, das ist mir viel zu dumm."

So wie Vater möchte ich gern sein. Ich möchte auch in allen Lagen Ruhe bewahren und einen klaren Kopf behalten können. Dadurch bleibt ihm bestimmt vieles erspart, mit dem ich mich herumschlagen muß. Ich gerate zu schnell in Wut, ich lasse mich dann selbst zu Ungerechtigkeiten hinreißen, durch die alles noch viel schlimmer wird, und hinterher muß ich mich über meine eigene Dummheit ärgern.

* * *

Der heutige Tag war schwer für mich. Er fing schon sehr aufregend an. Wir hatten noch nicht richtig mit der Arbeit begonnen, da wurde Herr Trott von Meister Hensler zum Betriebsleiter gerufen. Daß es sich um etwas Schlimmes handeln mußte, war mir sofort klar. Sonst hätte er nicht beim Betriebsleiter antreten müssen. Kleinere Sachen erledigte Meister Hensler selbst. Aber worum es ging, wußte ich nicht. Mein erster Gedanke war: Herrn Trott sind bei der Materialausgabe noch mehr Fehler unterlaufen. Jetzt wird er vom Betriebsleiter wohl eine gewaltige Zigarre verpaßt bekommen.

In gewissem Sinn gönnte ich es Herrn Trott sogar. Vielleicht kommt er dadurch wieder zur Vernunft, dachte ich mir. Doch je länger er wegblieb, um so unruhiger wurde ich. Das Warten machte mich ganz nervös. Ich hatte das Gefühl, als würde auch auf mich wieder etwas Unangenehmes zukommen. Und so war es auch.

Auf einmal kam Meister Hensler hereingeeilt und sagte zu mir: „Peter, du sollst mal zur Betriebsleitung kommen!"

„Ich?“ fragte ich erstaunt.

„Ja, du auch“, entgegnete er.

„Was ist denn los?“ wollte ich wissen.

„Das wirst du schon erfahren“, meinte er spöttisch.

Du meine Güte, weshalb ist er denn so kurz angebunden? Ihm habe ich doch nichts getan, und sonst bin ich mir auch keiner Schuld bewußt. – Oder sollte vielleicht Herr Trott auf die Idee gekommen sein, mir die Schuld an den Fehlern zuzuschieben, die er gemacht hat? – Dann kann er aber was erleben. Ich nahm mir vor, auf den Tisch zu klopfen, selbst auf die Gefahr hin, daß ich mich für immer bei Herrn Trott unbeliebt machen würde.

Als ich in das Büro des Betriebsleiters kam, erschrak ich richtig. Der Betriebsleiter hatte den ganzen Betriebsrat zusammengerufen. Auch mein Vater saß dabei, obwohl er diesem nicht angehörte. Was hat das zu bedeuten? fragte ich mich.

Immer noch der Meinung, es gehe um einen Schnitzer, der Herrn Trott bei der Materialausgabe unterlaufen sei, kam ich zu dem Schluß: Vater ist hinzugezogen worden, um mir Schützenhilfe zu leisten. Der Betriebsleiter kennt wahrscheinlich auch seine Pappenheimer.

Doch auf einmal sagte der Betriebsleiter: „So, jetzt erzähl uns einmal, welche liebenswürdigen Äußerungen Herr Trott dir gegenüber in den letzten Tagen von sich gegeben hat.“

Ich war sprachlos. Weshalb interessierte sich der Betriebsleiter für Herrn Trotts Geschwätz? Ist das der Anlaß zu dieser Versammlung? Überhaupt, woher weiß der Betriebsleiter, was Herr Trott gesagt hat? Eine ganze Reihe Fragen stürmte auf mich ein, und ich drehte mich hilfesuchend zu meinem Vater um.

„Hier geht es los, Paschke. Von deinem Vater wollen wir jetzt nichts hören, sondern von dir“, hörte ich den

Betriebsleiter sagen, und ich ärgerte mich darüber. Am liebsten hätte ich ihm gar keine Antwort gegeben, aber mein Vater machte ein sehr verlegenes Gesicht, und ich wollte ihn nicht blamieren.

„Herr Trott hat sich ... muß sich wahrscheinlich über Meister Hensler geärgert haben“, sagte ich.

„So? – Warum denn?“ fragte der Betriebsleiter.

„Ich weiß es nicht genau. Aber ich nehme an, weil mich Meister Hensler neulich lobte, daß ich so gut gelernt habe, und er dabei gar nichts darüber sagte, wieviel Mühe sich Herr Trott mit mir gemacht hat.“

„Soso. Und was hat denn Herr Trott gesagt, als er sich ärgerte?“ bohrte der Betriebsleiter weiter.

Mir war es sehr peinlich, so ausgequetscht zu werden. Wenn er mich doch in Ruhe lassen würde, dachte ich. Aber als ich erneut nach Vater sah, verriet mir sein Gesichtsausdruck, daß auch er darauf bestand, daß ich es sagen mußte.

„Ja, als Herr Hensler gegangen war“, fuhr ich fort, „meinte Herr Trott, der Meister sei genauso ein Radfahrer wie alle anderen Kommandierer. Mit ehrlicher Arbeit könne man es hier zu nichts bringen. Der ganze Betrieb sei ein Saftladen und so. Mit mir hat Herr Trott dann nicht mehr gesprochen. Bloß am anderen Tag fing er an, über meinen Vater zu schimpfen...“

Im gleichen Augenblick sprang der Betriebsleiter wie von der Tarantel gestochen hinter seinem Schreibtisch auf und schrie: „Warum schütteln Sie den Kopf und grinsen so, Herr Trott? Stimmt es vielleicht nicht, was der Junge sagt?“

„Ja, doch, es stimmt schon“, gab Herr Trott zu. „Aber so habe ich das nicht gemeint. Sie dürfen nicht denken, daß ich...“

Der Betriebsleiter ließ Herrn Trott nicht ausreden. Er schnitt ihm das Wort ab und sagte empört: „Herr Trott, für wen halten Sie eigentlich mich und die Herren hier? Bilden Sie sich bloß nicht ein, daß Sie mit uns umspringen können wie mit dummen Jungen. Vorher konnten Sie sich an keine abfällige Äußerung erinnern. Jetzt geben Sie alles zu und möchten uns auch noch vorschreiben, was wir darüber zu denken haben. Nein, Herr Trott, das müssen Sie schon gefälligst uns überlassen. Wenn Sie meinen, auf diese Weise imponieren zu können, dann haben Sie sich gewaltig in die Finger geschnitten. Ich kann Ihnen versichern, daß ich Sie beim nächsten Mal an die frische Luft setzen werde. Richten Sie sich danach. Wie kommen Sie eigentlich dazu, uns so etwas zu unterstellen?"

Herr Trott wurde ganz schön in die Enge getrieben und bekam gehörig die Meinung gesagt. So, wie ich es ihm gewünscht hatte. Aber ich konnte mir nicht helfen, in diesem Augenblick tat er mir auf einmal leid. Er stand so geknickt da und schien richtig fertig zu sein. Ja, ich bekam sogar selbst vor dem Betriebsleiter Angst. Warum regt er sich so auf, wenn er sich nichts vorzuwerfen hat? fragte ich mich. Oder ist doch nicht alles in Ordnung?

Als wir wieder an die Arbeit gingen, war Herr Trott noch saurer auf mich als vorher. Er ließ mich ganz deutlich fühlen, daß er mit mir nichts mehr zu tun haben wollte. Ich konnte es ihm jetzt auch nicht verdenken. Vielleicht hätte ich an seiner Stelle genauso gehandelt. War beim Betriebsleiter nicht wirklich der Eindruck entstanden, als ob ich die ganze Geschichte angezettelt hätte? Dabei hatte ich keine Ahnung davon, wer den Betriebsleiter unterrichtet hatte. Aber wie sollte ich das Herrn Trott klarmachen?

Zum erstenmal erlebte ich auch, wie neugierig Kurt sein kann. Ständig lief er um mich herum und wollte wissen, was im Büro los gewesen war. Weil ich ihm aber nichts sagte, wurde er böse und begann, mich zu allem Überfluß auch noch zu ärgern.

Glücklicherweise dauerte es aber nicht lang. Als er von einer Besorgung aus der Stanzerei zurückkam, trug er ein überhebliches Lächeln zur Schau.

Na, was wird er denn jetzt schon wieder haben, fragte ich mich. Aber ich tat, als ob ich nichts merken würde. Du wirst es schon noch früh genug erfahren, sagte ich mir. Kurt kann nämlich nichts lange für sich behalten.

So war es auch. Kurze Zeit später kam er angeschlichen und fragte: „Glaubst du nun endlich, daß dein Vater nicht ganz sauber ist?"

„Wie kommst du denn darauf?"

„Jetzt stell dich nicht so dumm", sagte er. „Du weißt ganz genau, was ich meine. Es geht dir wohl gegen den Strich, mir recht zu geben – wie? Aber ich weiß, was im Büro los war. Auch ohne dich. Ich habe andere Informationsquellen. Sehr gute sogar."

Zuerst dachte ich, er wollte nur angeben und mich auf diese Weise aushorchen. Ich stellte mich weiter dumm. Aber als er zu erzählen begann, war ich erstaunt. Er wußte wirklich alles bis ins Kleinste, und er behauptete steif und fest, kein anderer als mein Vater habe dem Betriebsleiter die ganze Geschichte berichtet.

Dieser Gedanke war mir auch schon gekommen, weil Vater im Büro so komisch gewesen war. Aber was war mit seiner Äußerung von gestern abend, daß er keinen Spektakel machen wolle?

„Ach, weißt du", meinte Kurt, „solche Sprüche darfst du nicht zu ernst nehmen. Die meisten, die sich auf den Schlips getreten fühlen, geben sich den Anschein, als hätten sie mit allem nichts zu tun. Aber hinterher, da sind sie gefährlich. Im Grunde genommen war diese Geschichte Wasser auf die Mühle deines Vaters. Du hast es ja gesehen. Er hatte nichts Eiligeres zu tun, als zum Betriebsleiter zu gehen und ihm alles auf die Nase zu binden, was du zu Hause erzählt hast."

„Gesehen? – Gesehen habe ich das nicht", wandte ich ein. „Du ja auch nicht. Dir ist es auch nur erzählt worden. Ich kann es ihm ebensowenig beweisen wie du. Ich muß einfach mit Vater sprechen."

Kurt fand das sehr dumm und meinte, ich sei ein hoffnungsloser Fall: „Denkst du vielleicht, dein Vater würde dir die Wahrheit sagen? Er wird schon eine passende Ausrede finden."

* * *

Kurt hat doch recht. Vater hattc tatsächlich dem Betriebsleiter alles erzählt. Ich brauchte gar nicht erst zu fragen. Beim Abendessen erzählte er es Mutter. Daß sie damit einverstanden war, wunderte mich nicht. Aber daß Vater seine Meinung von einem Tag zum andern änderte, das konnte ich nicht begreifen. Noch viel weniger, daß er mit dem zufrieden war, was im Büro geschah.

„Warum hast du dem Betriebsleiter alles gesagt, Vater?" fragte ich.

„Weil er sonst deiner Versetzung nicht zugestimmt hätte", entgegnete er.

„Was, ich soll in eine andere Abteilung versetzt werden?" Ich war erstaunt und zugleich verärgert und mußte mich zwingen, ruhig zu bleiben.

„Ja, Peter", erklärte Vater. „Gestern abend, als du schon auf dein Zimmer gegangen warst, machte Mutter diesen Vorschlag, und ich halte ihn auch für sehr gut. Es ist wirklich besser für dich, wenn du von Herrn Trott und Kurt wegkommst. Glaube es mir. Im Lager kannst du jetzt doch nichts Gescheites mehr lernen."

„Das stimmt", gab ich zu. „Jetzt kann ich bei Herrn Trott nichts mehr lernen. Aber mußte es soweit kommen? Mich von ihm wegzunehmen, ist die einfachste Lösung. Ob es die beste ist, das steht auf deinem anderen Blatt. Mir wäre es lieber gewesen, wenn du zu Herrn Trott gegangen wärst und mit ihm darüber gesprochen hättest."

Vater hielt mir entgegen, daß man mit meiner Auffassung nur bei einem vernünftigen Menschen etwas ausrichten könne, aber nicht bei Herrn Trott. Er versicherte mir, daß bei einem solchen Gespräch nichts herausgekommen wäre. Er kenne Herrn Trott zu gut und wisse, daß dieser darin nur einen Kniefall vor seiner Person gesehen hätte und sich dann noch wichtiger vorgekommen wäre. Er sehe aber nicht ein, weshalb er Herrn Trott diesen Gefallen hätte tun sollen. Bei ihm müsse man andere Maßstäbe anlegen. Deshalb sei er auch vom Betriebsleiter so hart angegangen worden. Nur so könne man Herrn Trott beikommen und sich zumindest für einige Zeit Ruhe vor ihm verschaffen.

Vater hat mich damit jedoch nicht überzeugt. Woher weiß er denn so genau, daß Herr Trott nicht anders geworden wäre? Er hat ja gar nicht versucht, die Sache in einem vernünftigen Gespräch mit ihm zu klären. Mir kommt alles sehr fadenscheinig vor.

* * *

Ich bin jetzt doch froh, daß mich Vater aus dem Lager herausgeholt hat. In der Stanzerei ist ein ganz anderes Leben. Man fühlt sich richtig wohl. Die Arbeitskollegen sind echte Kerle. Sie machen gern einen Spaß. Gestern habe ich mich köstlich amüsiert, wie einer Herrn Trott nachahmte. Er konnte es sehr gut. Sie können ihn alle nicht leiden.

Jetzt, wo ich nur noch mit Herrn Trott zusammenkomme, wenn ich im Lager Material hole, kann ich mich eigentlich nicht mehr über ihn beklagen. Seine Worte sind zwar kurz und knapp, aber sonst ist er vernünftig und behandelt mich wie die anderen auch.

Nur Kurt kann seine Stänkereien nicht lassen. Immer wieder macht er Bemerkungen wie „Radfahrer“ und so. Ich gebe zu, daß bei meiner Versetzung manches unglücklich gelaufen ist, aber mir ging es doch nicht um einen besseren Posten, als ich Vater die Geschichte mit Herrn Trott erzählte. Ich konnte ja nicht wissen, wie es weitergehen würde. Und man muß auch meinen Vater verstehen. Er machte sich Sorgen um mich und wollte nicht, daß ich ständig einem solchen Streit ausgesetzt war. Und was den Betriebsleiter angeht: Ist es nicht seine Aufgabe, für Ordnung im Betrieb zu sorgen? Schließlich hätte Herr Trott nur ein versöhnliches Wort zu sagen brauchen. Aber nein, er wollte mit dem Kopf durch die Wand. Was blieb dem Betriebsleiter da anderes übrig? Mußte er nicht zwangsläufig mit der Faust auf den Tisch schlagen? –

Allem Anschein nach hat er damit auch Erfolg gehabt. Es sieht wirklich so aus, als könnte man Herrn Trott nur beikommen, wenn man ihm die Zähne zeigt.

Aber weshalb rege ich mich auf? Kurt mäkelt ja nur deshalb an mir herum, weil er furchtbar neidisch ist. Erst neulich hat er mir gesagt, daß er gern an einer Stanze arbeiten würde. Weil ich jetzt früher dazu gekommen bin als er, ärgert er sich. Das kann ich durchaus verstehen. Mir ginge es in seiner Lage vielleicht genauso. Auf der anderen Seite hat Kurt aber gar kein Recht, sich zu beklagen. Er könnte längst in der Stanzerei sein, wenn er ein bißchen mehr gelernt hätte. Das will er natürlich nicht wahrhaben und meint, ich wolle ihm am Zeug flicken.

„Du fühlst dich jetzt wieder stark, weil dir die Stanzer ein paar schöne Worte sagen, was?“ fragte er ganz böse. „Warte nur ab, das bleibt nicht lange so. Neue Besen kehren gut, aber eines Tages fangen ihre Borsten auch zu kratzen an. Ich freue mich schon darauf, wenn unser Kleiner wieder jammern wird.“

Er ist ein furchtbar gehässiger Mensch. Er möchte mich gleich wieder mißtrauisch machen und mir die ganze Freude verderben. Daß es ganz ohne Reibereien in der Stanzerei abgehen wird, das glaube ich selbst nicht. Zu solchen Zerwürfnissen wie mit Herrn Trott wird es aber bestimmt nicht kommen.

* * *

Allmählich werde ich aber wirklich mißtrauisch. Bei mir schimpfen die Arbeitskollegen über Herrn Trott, und wenn sie mit ihm zusammenkommen, sind sie die Freundlichkeit selbst. Sie blödeln mit ihm, als sei er ihr bester Freund. Da stimmt doch etwas nicht. Entweder kann ich einen Menschen leiden, dann schimpfe ich hinter seinem Rücken nicht über ihn, oder ich kann ihn nicht leiden, dann mache ich keinen Hehl daraus, und er bekommt es deutlich zu spüren.

Ich weiß nicht, was ich von dem halten soll, was meine Kollegen praktizieren. Bisher habe ich mich so aus der Affäre gezogen, daß ich stumm wie ein Fisch wurde, wenn sie über Herrn Trott loslegten. Ich möchte mit ihnen keinen Streit haben, mich aber auch nicht aushorchen und in eine neue Auseinandersetzung mit Herrn Trott hineinziehen lassen. Wer weiß denn, ob sie das, was ich sage, nicht bei ihm wieder anbringen und dabei genauso gegen mich hetzten, wie sie das umgekehrt bei mir gegen ihn tun? Ja, es ist schon am besten, wenn ich mich aus allem heraushalte.

* * *

Ob ich mit dieser Methode auf die Dauer durchkomme, das weiß ich allerdings auch nicht. Bis jetzt habe ich damit genau das Gegenteil von dem erreicht, was ich wollte. Sie lassen mich nämlich nicht links liegen, wie ich angenommen habe. Es scheint sie irgendwie zu reizen, daß ich nicht mitmache, und ich rücke automatisch in den Mittelpunkt. Manchmal habe ich das Gefühl, daß sie mich nicht mehr für voll nehmen. Mir scheint, als sei ich für ihre Streiche Freiwild geworden. Sobald ich mich einmal umdrehe, ist der Auslösegriff an meiner Stanze mit Öl beschmiert. Ich habe auch schon verschmierte Putzlappen in meiner Tasche neben dem Frühstück gefunden. Der neueste Schrei ist es, den Kontakt an meiner Stanze mit zurechtgeschnittenen Stoffabfällen zu unterbrechen. Ich kann nicht genug aufpassen, und jedesmal, wenn ich in eine Falle hineingeraten bin, freuen sich die Arbeitskollegen unbeschreiblich. Das ist zwar reichlich primitiv, aber es setzt mir gewaltig zu.

Durch diese Dummheiten geht mir auch eine Menge Zeit verloren, in der ich nichts arbeiten kann. Das brachte Meister Hensler heute auf die Palme, als er die Leistungszettel der letzten Tage nachsah.

Er hat den Arbeitskollegen angedroht, jedem, den er bei einem solchen Streich erwische, die Zeit abzuziehen und mir gutzuschreiben. Diese Androhung werden sie sich bestimmt zu Herzen nehmen und mich in Zukunft in Ruhe lassen. Mit eventuellen Lohneinbußen kann man ihnen immer angst machen.

Durch diesen Zwischenfall hörte auch Kurt davon, daß ich in der Stanzerei Schwierigkeiten hatte. Voller Schadenfreude kam er zu mir und wollte mich aushorchen. Ich habe ihm aber nichts gesagt. Soll er doch zu seinen Informationsquellen gehen, der alte Giftspritzer.

* * *

Trotz Meister Henslers Drohung hat sich nichts geändert. Ich werde nach wie vor schikaniert. Wie ich die Lage einschätze, wird es auch so bleiben, es sei denn, Meister

Hensler würde ein Exempel statuieren. Dazu wird es aber nicht kommen, er wird keinen erwischen. Die Arbeitskollegen sind sehr erfinderisch. Immer wieder knobeln sie was Neues aus, mit dem sie mich hereinlegen. Es scheint ihnen jetzt sogar noch größeren Spaß zu machen als vorher. Wenn Meister Hensler dann erscheint, bekommt er aus ihnen nichts heraus. Keiner hat etwas gemacht. Sie halten zusammen wie Pech und Schwefel.

Ihre Streiche werden auch immer unvernünftiger. Heute, kurz vor Feierabend, hatten sie die Druckregulierung an meiner Stanze total verstellt. Als ich auslöste, sauste der Schlagarm mit einer solchen Wucht nieder, daß er das Stanzmesser zerschlug und sich am Klotz verklemmte. Natürlich konnte ich nicht mit den anderen Feierabend machen. Als die Hupe ertönte und die Arbeitskollegen hinausstürmten, war ich noch vollauf damit beschäftigt, die Maschine wieder in Gang zu bringen.

Wenig später stand Vater neben mir. Die Warterei am Auto hatte ihm zu lange gedauert.

„Was hast du denn vor?" fragte er. „Willst du heute durcharbeiten?"

Ich war wütend und entgegnete: „Auf gar keinen Fall! Am liebsten würde ich hier in den Sack hauen!"

„Nana, nur nicht so stürmisch. Was ist denn los?" fragte Vater.

„An der Stanze haben sie mir herumgedreht, und jetzt ist sie hängengeblieben", erklärte ich.

„Deswegen brauchst du doch nicht gleich so sauer zu sein", lachte Vater. „Sie haben sich mal einen Spaß erlaubt."

„Einen Spaß ist gut", entgegnete ich. „Das geht schon die ganze Zeit so."

In diesem Augenblick erschien Meister Hensler, und Vater blickte ihn vorwurfsvoll an.

„Peter“, sagte der Meister ganz ruhig, aber ich merkte, daß er sich über mich ärgerte, „in gewissem Sinne bist du selbst schuld daran. Wenn man in einer Gemeinschaft lebt, muß man sich einfügen. Wer das nicht tut, kommt in den Verdacht, er möchte etwas Besseres sein, und das können die Arbeiter nicht ausstehen.“

„Was wird denn hier gespielt?“ wollte Vater wissen.

So gut es Meister Hensler wußte, berichtete er über die Vorgänge der letzten Tage. Als ich erklären wollte, weshalb ich mich zurückzog, wehrte Vater ab.

„Jaja, ist schon gut. Wir unterhalten uns zu Hause darüber.“

Das ließ mich nichts Gutes ahnen. Und tatsächlich! Vater machte zu Hause einen furchtbaren Krach. Er behauptete, mit mir würde er sich nur blamieren und eines Tages noch einen gewaltigen Reinfall erleben.

„Was soll denn der Betriebsleiter denken, wenn er jetzt von dieser Geschichte erfährt? – Er muß zwangsläufig zu der Auffassung kommen, daß du ein Quertreiber bist, weil es überall Schwierigkeiten gibt, wo du hinkommst.“

Mutter war ganz unglücklich und versuchte, Vater zu beruhigen. Sie kam aber nicht durch. Vater sah darin eine Schützenhilfe für mich und wurde noch ärgerlicher.

Ich ließ mich aber nicht einschüchtern und beharrte auf meinem Standpunkt. „Ich finde es gar nicht blamabel, was ich tue“, sagte ich, „auch wenn mich die Arbeitskollegen lächerlich machen wollen. Es ist doch keine Schande, wenn ich ihr doppelzüngiges Spiel nicht mitmache.“

Vater sah es nicht von dieser Seite und warf mir Sturheit und Dickköpfigkeit vor. „Gegen dich hat keiner etwas“, behauptete er. „Die Stanzer können Herrn Trott wirklich nicht leiden. Sie wollen nur keinen Krach und zeigen es ihm deshalb nicht.“

„Trotzdem finde ich es nicht richtig, was sie tun", entgegnete ich.

„Ja, du hast vollkommen recht, Peter", meldete sich Mutter, „aber man soll nichts auf die Spitze treiben. Man muß immer ein bißchen diplomatisch sein. Verstehst du?"

Es war schön von Mutter, daß sie vermitteln und Frieden stiften wollte. Aber was hilft es denn, mir im Prinzip recht zu geben, wenn man mir im gleichen Atemzug erklärt, daß ich nicht danach handeln darf?"

* * *

Es ist schade, mit Vater verstehe ich mich in letzter nicht mehr. Früher oder später geraten wir uns bei jedem Gespräch in die Haare. Und jedesmal rücken wir ein Stückchen weiter auseinander. Dadurch gerät auch unser Familienleben aus den Fugen. Von der Gemütlichkeit, die früher bei uns herrschte, ist nichts mehr zu spüren. Das tut mir für Mutter besonders leid. Sie liebte es so, sich nach Feierabend mit Vater und mir zu beschäftigen. Statt dessen weint sie jetzt oft über unser Gezanke. Erst gestern abend war es wieder so.

„Den ganzen Tag ist man allein zu Hause", klagte sie. „Man hat alle Hände voll zu tun und freut sich auf ein paar ruhige Stunden am Abend. Aber kaum seid ihr da, ist schon der schönste Krach fertig. Es ist zum Davonlaufen mit euch!"

Um der Auseinandersetzung ein Ende zu machen, ging ich auf mein Zimmer. Das hatte aber keinen Erfolg. Vater und Mutter setzten den Streit unter sich fort. Das hörte ich bis oben. Einer versuchte dem anderen die Schuld an meiner angeblich falschen Erziehung zuzuschieben. Sie waren richtig gehässig zueinander. Ich hätte es nie für möglich gehalten, daß sich meine Eltern so streiten könnten.

Daß ich es bin, durch den diese Situation zustande kam, bedrückt mich sehr. Mir liegt fern, Vater und Mutter das Leben schwer zu machen. Ich habe auch schon versucht, anders zu werden und mich anzupassen. Aber auf die Dauer schaffe ich das nicht. Ich kann einfach nicht über meinen Schatten springen und etwas tun, was ich eigentlich für falsch halte.

Wenn es im Betrieb bei diesen „Scherzen" geblieben wäre, hätte ich noch mitziehen können, und Vater müßte sich nicht mehr über mich aufregen. Es ist aber nicht dabei geblieben: Neulich wollten sie mich „aufklären". Sie meinten, ich wüßte noch nicht, daß es zweierlei Menschen auf der Welt gibt, und erzählten die unmöglichsten Sachen. Als Grund für ihre Behauptung, daß ich noch so dumm sei, reichte ihnen die Tatsache, daß ich immer rot werde, wenn sie schlechtes Zeug reden. Wie soll man es auch fertigbringen, sich dabei nicht zu schämen?

Ich hörte mir ihr schlechtes Geschwätz eine ganze Weile an. Dann konnte ich es nicht mehr stillschweigend hinnehmen und sagte ihnen ins Gesicht, was ich von ihnen hielt. Du meine Güte, da hatte ich aber was gemacht. Sie wurden richtig böse und verwahrten sich mit Händen und Füßen gegen den Vorwurf, sie seien keine anständigen Leute. Ja, sie hielten sich auch für sehr gute Christen. Weil mir aber das Wort Glaube über die Lippen gerutscht ist, werde ich jetzt als Tugendapostel und Frommschwätzer bezeichnet.

Heute mittag passierte wieder was Tolles. In der Stanzerei herrschte große Aufregung. Eine Plastikplane war verschwunden. Meister Hensler lief ganz nervös umher und suchte nach dem Dieb. Wie zu erwarten, bekam er natürlich nichts heraus. Keiner wollte etwas gesehen haben. Schließlich erschien Meister Hensler auch bei mir, um nach der Plane zu forschen. Ich wußte, wer sie genommen hatte – aber was sollte ich tun? Sollte ich ihm die Wahrheit sagen und damit riskieren, bei den Arbeitskollegen für immer unten durch zu sein, oder sollte ich mich genauso dumm stellen wie alle anderen, um von ihnen als feiner Kerl angesehen zu werden? – Ich entschied mich für das letztere, und Meister Hensler ging wieder fort, ohne ein Wort zu sagen. Er machte ein sehr enttäuschtes Gesicht. Ich wußte sofort, daß er mir nicht glaubte, und begann mich zu schämen. Er tat mir leid, weil ich wußte, daß der Betriebsleiter Krach schlagen würde. Trotzdem brachte ich es nicht fertig, zu ihm zu gehen und die Wahrheit zu sagen. Doch kurze Zeit später stand er wieder neben mir.

„Na, Peter“, sagte er, „hast du es dir noch einmal überlegt? Willst du mir nicht doch sagen, wer die Plane hat? Ich bin sicher, daß du den Dieb kennst. Du lügst nämlich sehr schlecht!“

Ich gab mich geschlagen und gestand ihm, daß ich gesehen hatte, wie Herr Bender die Plane an sich nahm.

Natürlich bekam Herr Bender nun einen gehörigen Rüffel und mußte die Plane wieder herausrücken. Er tat es mit hochrotem Kopf. Als er kurze Zeit später an mir vorbeiging, sagte er ganz böse: „Jetzt hast du dein wahres Gesicht gezeigt, du Frommtuer. Aber warte, mein Bürschchen, das hast du nicht umsonst getan, verlaß dich drauf.“

Ehrlich, ich habe richtig Angst vor ihm bekommen. Er sagt zwar nicht viel, aber was er sagt, das macht er auch. Mich würde interessieren, was er sich als Rache ausgedacht hat. –

Ein Glück, daß heute Freitag ist und wir uns erst am Montag wiedersehen. Vielleicht hat sich sein Zorn bis dahin soweit gelegt, daß ich mit ihm reden kann. Überhaupt, wäre es nicht besser gewesen, wenn ich ihn gleich angesprochen und auf die Verkehrtheit seines Tuns hingewiesen hätte, als er die Plane nahm?

* * *

Als ich heute morgen in die Küche kam, hatte ich gleich das Gefühl, daß es einen verhagelten Sonntag geben würde. Vater saß ganz brummig am Tisch vor seiner Tasse Kaffee und brachte kaum die Lippen auseinander, um mir guten Morgen zu sagen. Auch Mutter war sehr komisch und beachtete mich kaum.

Nichts wie weg hier, dachte ich und verzog mich schnell ins Badezimmer. Ständig kreisten meine Gedanken um die Frage, was Vater haben könnte. Daß er am Sonntagmorgen gleich so mürrisch war, das war etwas Neues. Wenn er auch sonst die ganze Woche schlechte Laune hatte – nach dem Kegeln am Samstagabend war er immer aufgeräumt gewesen. Half das jetzt auch nichts mehr? Ein schwerer Druck legte sich auf meine Brust.

Manchmal habe ich ganz schreckliche Gedanken, vor denen ich mich selbst fürchte. Auf der einen Seite bin ich geneigt, Vater zu verachten, und auf der anderen Seite habe ich ihn noch sehr gern. Gerade jetzt sehne ich mich mehr denn je nach einem freundlichen Wort von ihm. Aber er merkt es nicht, und ich bringe nicht fertig, ihm das zu sagen...

„Peter, was machst du denn so lange im Bad?“ hörte ich Mutter mit einem Mal ganz ärgerlich rufen. „Wie lange sollen wir denn noch auf dich warten? Ich will jetzt den Tisch abräumen.“

„Von mir aus räum ihn doch ab“, hätte ich Mutter am liebsten entgegnet. „Mir ist der Appetit vergangen.“

Aber das ließ ich sein. Ich wollte keinen Krach, und diese Bemerkung hätte bestimmt ein Gewitter ausgelöst.

Schön brav ging ich in die Küche und setzte mich an den Tisch. Aber mit dem Essen war das so eine Sache. An jedem Bissen hatte ich zu würgen. Vaters Nähe war mir unerträglich. Es ging mir furchtbar auf die Nerven, wie finster er mir am Tisch gegenübersaß. Am liebsten hätte ich geschrien: „Merkst du denn nicht, wie du mich quälst? Wenn du schon nicht weggehen willst, dann sag zumindest etwas!“

Tatsächlich begann er sich mit einem Mal zu räuspern und fragte: „Du, sag mal, was war denn am Freitag im Betrieb los?“

Aha, dachte ich, da liegt also der Hase im Pfeffer. Er hat von der Geschichte mit Herrn Bender erfahren. Aber von wem? – Plötzlich fiel mir ein, daß Herr Bender dem gleichen Kegelklub angehört wie Vater.

„Meinst du die Geschichte mit der Plane?“ fragte ich.

„Ja, genau, das meine ich“, entgegnete er. „Wie kommst du eigentlich dazu, dich so aufzuspielen? Hast du uns in letzter Zeit nicht schon genug blamiert? Mußt du dich jetzt auch noch aufs Anschwärzen verlegen?“

„Was, ich soll Herrn Bender angeschwärzt haben? Das schlägt doch dem Faß den Boden aus. Das ist eine glatte Lüge!“ empörte ich mich. „Ich bin nicht zu Meister Hensler gelaufen, um ihm die Sache zu sagen, sondern er ist zu mir gekommen und hat mich gefragt. Ich habe ihn sogar belogen, weil ich schon Unheil ahnte. Erst als er das zweite Mal kam, habe ich ihm gesagt, daß Herr Bender die Plane gestohlen hat.“

„Was heißt hier gestohlen? Er hatte die Plane nur eingepackt und hätte Meister Hensler bestimmt noch gefragt, ob er sie mitnehmen dürfe“, behauptete mein Vater.

„Daß ich nicht lache. Dann hätte er sich ja melden können, als Meister Hensler nach dem Dieb suchte“, entgegnete ich und brachte es tatsächlich fertig zu lachen.

„Was, lächerlich findest du das? Du verdorbener Lausejunge! Ich werde dir's geben..."

Voller Zorn sprang Vater hoch – fast hätte er den Tisch umgeworfen –, und ehe ich mich recht versah, hatte er mich mit festem Griff gepackt und versetzte mir zwei gewaltige Ohrfeigen.

„Warum schlägst du mich denn?" schrie ich. „Hätte ich Meister Hensler nicht die Wahrheit sagen sollen?"

„Halt den Mund!" befahl er.

„Wenn du mir nicht glaubst, dann frag doch Meister Hensler, wie es war", brüllte ich unbeirrt weiter. „Ich habe Herrn Bender nicht angeschwärzt!"

„Du sollst den Mund halten, sage ich dir!" kam es drohend über Vaters Lippen.

„Nein!" trotzte ich. „Diesmal bin ich nicht ruhig!"

„Was? Du Flegel! Du... Da soll doch gleich... Du..."

Im letzten Augenblick hatte ich gerade noch die Tür erreicht. Wenn mich Vater wieder erwischt hätte, hätte er mich sicher grün und blau geschlagen. Daß er mir nicht bis auf mein Zimmer nachkam, hatte ich Mutter zu verdanken. Sie hielt ihn zurück. Dann hatte sie ihre Last mit ihm. Ich hörte ihn bis oben schreien.

Ich warf mich auf mein Bett und begann zu heulen, richtig laut zu heulen wie ein kleines Kind. – Ja, dachte ich, Mutter hat recht, es ist wirklich zum Davonlaufen hier. Wie schon so oft trug ich mich wieder mit dem Gedanken wegzugehen. Aber wo sollte ich hin? – Ich wußte weder ein noch aus. In meinem Kopf begann sich alles zu drehen. Log ich, so war ich ein Schwindler; sagte ich die Wahrheit, so war es auch nicht recht. Galt dieses „Du sollst nicht lügen! – Du sollst nicht stehlen!", das mich Mutter und Vater gelehrt hatten, plötzlich nicht mehr?

„Komm, Peter, zieh dich an. Wir wollen zum Gottesdienst gehen", hörte ich auf einmal Mutter hinter mir sagen und zuckte erschreckt zusammen. Über meinem Grübeln hatte ich sie nicht kommen hören.

„Ich soll mit zum Gottesdienst gehen? – Nein, heute gehe ich nicht mit. Ich habe kein Lust dazu“, entgegnete ich.

„Warum?“ fragte Mutter.

„Kannst du es dir nicht denken? – Es geht mir gegen den Strich, mich neben Vater zu setzen. Ich gebe mich nicht mehr dafür her, vor den Leuten ein Bild der Einigkeit zu demonstrieren, das in Wirklichkeit nicht vorhanden ist“, erklärte ich.

„Peter, mußt du jetzt auch noch auf stur schalten? Genügt es nicht schon, daß Vater nicht mehr mit sich reden läßt? Du weißt doch ganz genau, daß du damit nichts besser machst. Schlag doch nicht alle Türen zu. Mach eine Aussöhnung nicht unmöglich! Sei vernünftig! Ich bitte dich!“ flehte sie mich an.

„Warum muß ich immer derjenige sein, der nachgeben soll?“ verteidigte ich mich. „Siehst du nicht, wohin das führt? Überall werde ich herumgestoßen und als dummer Junge behandelt. Das mache ich nicht mehr mit. Diesmal bleibe ich hart.“

„Na gut, wenn ihr mich unbedingt fertigmachen wollt, dann nur weiter so“, meinte Mutter sehr traurig und ging fort, ohne sich noch einmal nach mir umzusehen.

Sie tat mir wirklich leid. Ich konnte mir gut vorstellen, daß es sehr schwer sein mußte, zwischen uns beiden Streithähnen zu stehen. Ich ärgerte mich jetzt auch, daß ich nicht freundlicher zu ihr gewesen war, und begann mich doch umzuziehen, um ihr eine weitere Aufregung zu ersparen. Mir wurde nämlich klar, daß Vater nicht zulassen würde, daß ich zu Hause blieb, und wieder furchtbaren Krach machen würde.

Im selben Augenblick kam er auch schon die Treppe herauf gepoltert und schimpfte: „Das kommt gar nicht in

Frage! Was bildest du dir ein? Du..."

„Was willst du denn?" fiel ich Vater ins Wort. „Ich zieh mich ja schon an."

„Das ist auch dein Glück. Sonst – du weißt schon Bescheid", meinte er.

Wir gingen wieder, wie fast jeden Sonntag, gemeinsam zum Gottesdienst. Doch ich kann mich nicht erinnern, daß mir während eines Gottesdienstes jemals so zumute war wie heute. Alles betraf mich viel direkter als sonst. Es schien sich etwas in mir geöffnet zu haben, das gefüllt werden sollte. Die Worte des Predigers trafen mich. Ich wurde von einer großen Sehnsucht nach Frieden und Geborgenheit erfaßt und konnte richtig von Herzen beten. Ich wußte auf einmal: Wenn mir von irgendwoher noch Hilfe kommen konnte, dann nur von dem Schmerzensmann auf Golgatha. Ich war mir ganz sicher, daß in Seiner Nähe das Leid gehen und Freude kommen mußte. Ja, ich spürte sogar schon etwas davon. Mir war auf einmal wesentlich leichter ums Herz. Es machte mir nichts mehr aus, neben Vater zu sitzen. Ich konnte ihm nicht mehr böse sein und hätte wieder mit ihm sprechen können. Ja, ich war bereit, den Teufelskreis der Feindschaft zu durchbrechen. Wo sollte es denn enden, wenn jeder jedem seine Gehässigkeiten heimzahlen wollte?

Ging es Vater nicht ebenso wie mir? War auch er wieder zur Versöhnung bereit? – Immer wieder warf ich einen prüfenden Blick nach ihm und mir schien, sein Gesicht sei freundlicher geworden. Als sich unsere Blicke zufällig trafen, nickte er mir sogar zu, als wollte er mich auf die Predigt hinweisen, die ihm offensichtlich auch zusagte.

Doch ich hatte mich zu früh gefreut. Die Predigt hatte Vater zwar sehr gut gefallen, aber er hatte sie ganz anders aufgenommen als ich. Auf dem Heimweg unterhielt er sich mit Mutter darüber und meinte, der Prediger hätte es den anderen gehörig unter die Nase gerieben. Daran könnten sie lange schnuppern.

Das traf mich wie ein Schlag. Die anderen, wer war das? Meint Vater im Ernst, er allein sei ausgeklammert worden? fragte ich mich. Wenn nun die anderen genauso denken, wie er, was dann? Dann hat ja keiner etwas gesagt bekommen!

Wenn das so ist, dachte ich, dann wundert mich nichts mehr. Dann hat Kurt tatsächlich recht. Ich bin wirklich dümmer, als die Polizei erlaubt, weil ich alles auf mich bezog und danach zu handeln versuchte. Nun gut, sagte ich mir, ich kann auch anders. Ich kann es auch leichter haben.

* * *

Zu Hause und im Betrieb herrscht seit einigen Tagen Ruhe. Ich bin jetzt ein Junge geworden, der in die Welt paßt. Das jedenfalls finden die Arbeitskollegen. Auch Vater und Mutter sind sehr zufrieden mit mir. Ihre Freude ist offenkundig. Sie sind wieder zu Späßen aufgelegt und viel großzügiger geworden. Ich darf mir wieder manches erlauben, was mir die ganze Zeit verboten war. Vater hat sogar mein Taschengeld erhöht.

Das ist alles sehr schön, aber so richtig freuen kann ich mich darüber nicht. Es ist nicht mehr so wie früher, wenn ich gelobt werde. Es fehlt etwas. Es ist alles so leer in mir geworden. Ich habe nichts mehr, woran ich mich halten kann. Ich lasse mich treiben und weiß nicht, wohin es führen wird. Ja, ich bin ein richtiger Heuchler geworden. Ich versichere, daß mir die Wahrheit über alles geht, und schwindle bei jeder Gelegenheit. Ich behaupte, gerecht zu sein, und begehe eine Ungerechtigkeit nach der anderen. Ich poche auf meine Kollegialität und bin nur auf meinen Vorteil bedacht.

Oft ist mir ganz elend zumute. Ich habe richtig Angst. Es ist furchtbar, ständig wie ein Luchs auf der Lauer zu liegen, um nicht bei diesen Schwindeleien erwischt zu werden. Ist der Preis nicht zu hoch, den ich dafür bezahlt habe, daß ich von den anderen in Ruhe gelassen werde? Ich werde immer unruhiger. Ständig muß ich etwas tun, um das Zweifelhafte meines Handelns vergessen zu können. Hätte ich mich bloß nicht darauf eingelassen! Wäre ich doch meinen Weg unbeirrt weitergegangen! Ich möchte so gern wieder zurück. Aber jetzt gibt es so vieles, was mich festhält.

* * *

Neuerdings bin ich häufig in Kneipen zu finden. Als ich gestern abend bei „Tante Paula" bei einem Bier saß, kam Kurt mit seinen beiden Freunden aus der Berufsschule herein. Sie stellten sich an die Theke und fingen mit der Wirtin zu blödeln an. Kurt war besonders gut drauf. Er erzählte einen Witz nach dem anderen. Da habe ich ihn zum ersten Mal beneidet. Gegen ihn kam ich mir wie ein Trauerkloß und richtig doof vor. Kurt führte auch das Wort, als sie mit den Scherzen aufhörten und über alle möglichen Dinge sprachen.

Sonst konnte ich das nie bei ihm leiden, daß er so große Töne spuckt. Aber gestern abend kam er mir nicht vorlaut vor. Gespannt hörte ich ihm zu. Es imponierte mir, wie frei und offen er die Dinge anpackte. Heuchelei war ihm fremd. Was er sagte, stimmte alles, wenn es auch nicht gerade angenehm klang.

Plötzlich hielt ich es nicht mehr in meiner Ecke aus. Es zog mich mit aller Gewalt zu Kurt. Mein einziger Wunsch war, so frei und unbeschwert zu sein wie er. Das Versteckspiel hatte ich satt.

Doch die drei wollten nichts von mir wissen. Als ich mich neben sie stellte, machten sie sich über mich lustig und wollten mich fortjagen. Weil ich aber nicht ging, wurden sie böse. Sie hätten mich sogar verprügelt, wenn Tante Paula nicht gewesen wäre. Daß mich die Wirtin kannte und in Schutz nahm, machte auf Kurt und seine Freunde großen Eindruck. Sie schlossen daraus, daß ich anders geworden sein mußte, und nach einigem Hin und Her wurde ich feierlich in ihren Kreis aufgenommen. Die Feier kostete mich zwar ein paar Mark, aber was machte das schon? Es war ein schöner Abend, und ich werde in Zukunft nicht mehr so allein sein.

* * *

Die Ruhe im Betrieb ist wieder vorbei. Es geht erneut rund. Von den Arbeitskollegen werde ich jetzt als „Früchtchen“ bezeichnet. Manchmal sagen sie auch „Rocker“ zu mir. Aber mir ist egal, wie sie mich nennen. Sie können mich nicht mehr kränken. Ich habe sie durchschaut. Sie handeln doch genauso wie ich, nur mit dem einen Unterschied, daß sie allem ein Mäntelchen umhängen, während ich mich nicht mehr hinter der sogenannten „Wahrheit“ und „Ehrlichkeit“ verstecke. Was soll auch diese Schöntuerei? An der Sache ändert sich nichts. Sie kann höchstens den Eigennutz etwas verbergen.

Auch zu Hause ist wieder allerhand los. Meine Eltern schlugen die Hände über dem Kopf zusammen, als sie erfuhren, wie ich mich jetzt verhalte. Doch über Mutter muß ich staunen. Sie fühlt sich nicht ganz schuldlos daran. Trotz allem Ärger und aller Enttäuschung macht sie sich Vorwürfe und gibt zu, mir nicht immer ein gutes Vorbild gewesen zu sein. Ihretwegen wäre ich sogar bereit, mich wieder von Kurt und seinen Freunden zu trennen. Vater dagegen schiebt alle Verantwortung von sich. Er kennt nur einen Schuldigen, und der heißt Kurt. Aber Vater tut Kurt damit unrecht. Ich gebe zu, daß ich mich ohne Kurt wahrscheinlich nie dazu aufgerafft hätte, das Versteckspiel aufzugeben, aber die Unzufriedenheit wäre trotzdem da gewesen. An ihr hat Kurt keine Schuld. Ohne sie hätte ich mich ihm auch niemals angeschlossen.

Überhaupt, warum soll man denn nicht offen zeigen, was man denkt? – Ist das nicht viel ehrlicher als diese ständige Duckmäuserei?

Aber mit Vater komme ich nicht klar. Er läßt nicht mehr mit sich reden. Immer wieder setzt er mir zu und beklagt sich über meine Undankbarkeit. Er rechnet mir vor, was er alles für mich getan hat, und behauptet, sich nur für mich abzuschuften, damit ich es einmal besser haben soll als er. Aber das zieht nicht mehr bei mir. Mich interessiert gar nicht, was er leistet. Mir wäre viel lieber, er würde nicht so viel arbeiten und sich mehr um mich kümmern.

Ich werde einfach den Verdacht nicht los, daß Vater in erster Linie alles für sich selbst tut. Daß er mit seinen Leistungen vor den anderen glänzen und von ihnen bewundert werden möchte. Warum wird denn jeder Besuch durch das ganze Haus geführt? Warum wird ihm jede neue Errungenschaft voller Stolz gezeigt? – Nein, Vater kann mich nicht überzeugen, daß er nur mein Bestes will. In dieser Hinsicht besteht sein Wollen nur in Worten. Aber was nützt mir denn das schönste neue Haus, wenn ich mich darin nicht wohlfühlen kann?

Mit seinen Schlägen bezweckt Vater wenig. Damit kann er mich nicht mehr zurückholen. Auch mit dem Ausgehverbot, das er jetzt über mich verhängt hat, kann er mich nicht an das Haus binden. Ich finde immer wieder einen Ausweg, um zu den anderen gehen zu können.

* * *

Seit einigen Tagen ist unser Kreis auf acht Personen angewachsen. Wir haben uns Freundinnen zugelegt. Die

Idee kam von Kurt. Er meinte, daß die Mädchen, die wir jeden Abend bei unserem Rundgang an der gleichen Stelle trafen, ganz gut zu uns passen würden.

Kurt hat damit recht gehabt. Wir sind eine nette Gemeinschaft geworden. Die Mädchen haben die gleichen Ansichten wie wir und auch ihren Ärger mit den Eltern zu Hause.

Trotzdem habe ich manchmal ein sonderbares, fragendes Gefühl. Ich weiß nicht, ob uns die Mädchen wirklich lieben. Sie wissen doch ganz genau, daß wir noch in der Ausbildung sind und nicht viel Geld verdienen. Weshalb stellen sie dann so große Ansprüche an uns? –

Klar, in der „Texas–Bar" ist es viel schöner und interessanter als bei „Tante Paula", aber auch viel teurer. Wir können uns den Luxus nicht jeden Abend leisten. Das geht auf die Dauer nicht gut. Wo soll denn das Geld herkommen?

* * *

Gestern abend hat meine Freundin ihr wahres Gesicht gezeigt. Ich weiß jetzt ganz genau, daß sie mich nur ausnutzen will. Als ich sie nach Hause bringen wollte, sagte sie auf einmal: „Peter, ich glaube, du liebst mich gar nicht. Ich bin dir gar nichts wert."

„Wie kommst du denn darauf?" fragte ich.

„Bis jetzt hast du mir noch kein einziges Geschenk gemacht. Das sagt doch genug", meinte sie.

Ich versuchte ihr zu erklären, daß dies nichts mit mangelnder Liebe zu tun habe, sondern ganz einfach an meinem Geldbeutel liege. Ich versicherte ihr, daß es anders würde, sobald ich ausgelernt hätte und mehr verdiente. Aber sie wollte mich nicht verstehen und meinte: „Ja, das glaube ich, daß es dann anders wird. Dann legst du dir eine andere Freundin zu. Nein, mir ist das Heute lieber als leere Versprechungen."

Da drehte ich mich auf der Stelle um und schickte sie allein nach Hause. So lasse ich nicht mit mir umspringen. Und was sie mir über Kurt erzählt hat, nehme ich ihr nicht ab. Woher soll er denn das Geld haben, seiner Freundin großartige Geschenke zu machen? Ich weiß doch, wie es bei ihm aussieht. Er hat nie Geld. Er wird von seinem alten Herrn noch knapper bei Kasse gehalten als wir drei anderen. Ich weiß gar nicht mehr, wie oft er uns schon angepumpt hat. Außerdem würde Kurt auch niemals etwas hinter unserem Rücken tun.

Als ich heute abend zu unserem Treffpunkt kam, warteten bereits Werner und Bernd auf mich. Sie waren ebenfalls vor der üblichen Zeit gekommen. Ich merkte sofort, daß auch bei ihnen etwas nicht stimmte, und voller Ärger erzählte jeder die gleiche Geschichte, die auch ich gestern abend mit meiner Freundin erlebt hatte. Daß dies reiner Zufall war, glaubte keiner von uns. Wir waren uns einig, daß es ein abgekartetes Spiel sein mußte. Stimmte die Behauptung vielleicht doch, daß Kurt seinem Mädchen Geschenke gemacht hatte? Hatte er etwa das von uns geborgte Geld für diese Geschenke ausgegeben? Waren unsere Mädchen nun von Kurts Freundin aufgehetzt worden? Lauter Fragen, auf die wir keine Antwort wußten. Wir beschlossen, Kurt zur Rede zu stellen und ihn zu verprügeln, wenn es wirklich so war, wie wir vermuteten.

Als Kurt erschien, fielen wir gleich über ihn her, und er gab offen zu, seinem Mädchen hin und wieder etwas gekauft zu haben. Doch woher er das Geld dazu genommen hatte, darüber schwieg er sich aus. Erst als ihn Werner am Kragen packte, begann er zu reden.

„Bildet euch bloß nicht ein", sagte er, „daß ich die Geschenke mit den paar Kröten, die ich von euch bekommen habe, hätte kaufen können. Übrigens, hier habt ihr wieder alles zurück."

Kurt griff in seine Tasche, und wir waren erstaunt, wieviel Geld er zum Vorschein brachte.

Im Gegensatz zu Werner und Bernd fragte ich nicht weiter, aber ich nahm Kurt auch nicht ab, was er da von guten Beziehungen faselte, die er angeknüpft haben wollte. Wer verschenkt schließlich schon Geld? Für mich stand fest, daß Kurt ein krummes Ding gedreht haben mußte. Daß ich mit meiner Annahme recht hatte, zeigte sich dann auch, als wir nach Hause gingen.

Wir waren alle nicht mehr ganz nüchtern. Kurt hatte uns, als Entschädigung für unseren Ärger, zu einer kleinen Feier eingeladen. Plötzlich blieb er an einer Hausecke vor einem Automaten stehen und sagte: „Damit ihr's wißt, mit dem habe ich auch gute Beziehungen angeknüpft. Das ist auch einer meiner Geldgeber!"

Ich war nicht besonders überrascht. Aber Werner und Bernd traf es wie ein Schlag. Sie sahen sich erstaunt an und fragten gedehnt: „Waaas?"

„Stellt euch nicht so an", sagte Kurt. „Was ist denn schon dabei? – Ich könnte euren Geldbeutel auch auffüllen, wenn ihr mitmacht."

„Nein", sagte ich, „ich mache nicht mit."

Werner und Bernd schlossen sich mir an.

„Gut, dann laßt es eben bleiben", meinte Kurt. „Dann laßt eben eure Mädchen sausen. Ich jedenfalls halte meine Freundin fest."

„Jawohl", erwiderte ich, „ich lasse meine sausen! Was will ich denn mit ihr? Auf eine solche Liebschaft pfeife ich. Ich habe keine Lust, wegen ihr hinter schwedischen Gardinen zu sitzen."

„Quatsch", sagte Kurt. „Ich werde nicht erwischt. Ich habe einen phantastischen Trick. Das geht ganz einfach. So schnell kann gar keiner kommen, wie ich den Kasten leer habe. – Kommt, seht es euch doch mal an!"

„Naja, ansehen könnten wir es uns ja einmal", meinten Werner und Bernd. Und ich ging auch nicht weg, wie ich es vorgehabt hatte.

Kurt machte sich an die Arbeit. Es ging wirklich sehr flott. Eins, zwei, drei hatte er den Automaten geleert, ohne großen Lärm zu machen.

„Na, ist das nicht eine klasse Sache?" fragte Kurt, als wir das Geld teilten. „Glaubt ihr nun endlich, daß ihr euch auf mich verlassen könnt?"

Werner und Bernd nickten, und ich schloß mich ihnen an. Die Art der Geldbeschaffung war mir zwar nicht recht, aber daß Kurt mit seiner Fertigkeit beim Automatenknacken erwischt werden könnte, das hielt ich für ziemlich ausgeschlossen.

„Wißt ihr was", kam Kurt auf einmal mit einem neuen Plan, „jetzt borgen wir uns einen Wagen und fahren zu Uschi. Ich bin gespannt darauf, was sie für Augen machen wird, wenn wir mit einem Auto vorfahren."

„Das ist doch Blödsinn", meinte Werner. „Die liegt schon längst in der Falle."

„Nein", entgegnete Kurt, „ich weiß ganz genau, daß sie noch wach ist. Ihre Eltern sind heute abend nicht zu Hause. Sie hat die anderen drei zu sich eingeladen, und die warten gespannt darauf, wie ihr euch entschieden habt."

„Und wenn schon", wandte Bernd ein, „wo willst du denn jetzt noch ein Auto herbekommen? Um diese Zeit haben alle Leihwagenbetriebe zu."

„Wer spricht denn von einem Leihwagen?" hielt Kurt dagegen. „Ich denke gar nicht dran, für ein Auto Geld auszugeben. Schaut mal, dieser flotte Schlitten dort drüben wäre gerade das Richtige für uns!"

„Komm, dreh nicht durch", meinte Werner. „Laß deine Finger davon. Das ist zu gefährlich. Was denkst du denn, was passiert, wenn der Besitzer wegfahren will, und das Auto ist nicht mehr da?"

„Sag mal, wofür hältst du mich eigentlich?" fragte Kurt entrüstet. „Meinst du, ich würde das auf gut Glück machen? Nein, so dumm bin ich nicht. Ich gehe mit offenen Augen durch die Welt. Ich weiß ganz genau, daß der Besitzer nicht kommt, Der liegt jetzt in seinem Heiabettchen und schläft. Und bis er morgen früh wegfahren will, steht das Auto wieder schön an seinem Platz."

Was Kurt sagte, klang überzeugend. Er hatte anscheinend gut beobachtet und alles bis ins kleinste überlegt. Wir ließen uns wieder von ihm überreden.

Als wir aber zum Auto gingen, hatte ich ein sehr ungutes Gefühl. Am liebsten wäre ich weggelaufen. Ich tat es aber nicht, weil ich nicht als Angsthase dastehen wollte. Und es sah auch so aus, als ob dieses Vorhaben wieder klappen würde. Ruckzuck hatte Kurt das Auto geöffnet, und wir krochen hinein. Aber das Anlassen des Wagens ohne den entsprechenden Schlüssel machte Kurt Schwierigkeiten. Ich wurde immer unruhiger. War da nicht das bekannte „Tatü–tata" eines Polizeiwagens zu hören?

„Du siehst Gespenster", meinten die drei und lachten mich aus.

Aber plötzlich verging ihnen das Lachen, und ich glaubte, das Herz bliebe mir stehen: An der nächsten Straßenkreuzung tauchte tatsächlich ein Polizeiwagen auf. Noch bevor wir aussteigen oder gar wegrennen konnten, war das Auto umstellt, und wir mußten uns geschlagen geben.

* * *

Jetzt sitze ich in einer Jugendstrafanstalt. Auch ohne die Sache mit dem Auto, wären wir hinter Schloß und Riegel gekommen. Bei der Gerichtsverhandlung erfuhr ich, daß uns schon beim Knacken des Automaten ein Mann beobachtet und die Polizei benachrichtigt hatte.

Daß ich mich so auf Kurt verlassen konnte! Jetzt bin ich allerdings verlassen. Wie soll es mit meinem verpfuschten Leben weitergehen? Es muß anders werden! Ja. Aber wie? Ich weiß es nicht.

Bei der Gerichtsverhandlung ließ ich alles über mich ergehen. Ich wollte bestraft werden. Hart sogar. Ich suchte Sühne und innere Erleichterung im Abbüßen der Strafe. Doch ich werde immer einsamer und deprimierter, je länger ich hier sitze und nachdenke – und ich habe jetzt viel Zeit zum Nachdenken.

Ja, ich habe es auch schon mit Gott versucht. Ich habe wieder zu Ihm gebetet. Aber ich will und kann nicht mehr zu Ihm beten. Er gab mir kein Zeichen, daß Er bereit ist, mir zu helfen.

Trotzdem war ich am vergangenen Sonntag hier in der Anstalt im Gottesdienst. Der Prediger machte einen sehr guten Eindruck. Aber als er zu predigen anfing, bereute ich, daß ich gekommen war. Das, was er sagte, hatte nichts mit der Wirklichkeit zu tun. Nach dem Gottesdienst bin ich gleich zu ihm gegangen und habe ihm ganz offen gesagt, was ich dachte.

„Es ist unverantwortlich, so zu tun, als ob man den Himmel auf Erden hätte, wenn man sich nach dem richtet, was in der Bibel steht", sagte ich. „Genau das Gegenteil ist der Fall! Man wird nicht mehr für voll genommen. Es ist unmöglich. Das können Sie von keinem Menschen verlangen. Dafür kann sich keiner hergeben. – Übrigens läuft es auf dasselbe hinaus, ob man ehrlich ist oder schwindelt – für beides wird man bestraft. Wenn auch auf verschiedene Weise."

Wahrscheinlich wäre es vorteilhafter gewesen, wenn ich den Mund gehalten hätte. Besser habe ich damit bestimmt nichts gemacht. Im Gegenteil. Jetzt werde ich auch bei dem Prediger noch ins Fettnäpfchen getreten sein. Er gab nichts zu. Eigentlich war es auch dumm von mir, etwas anderes zu erhoffen. Er ist schließlich Prediger. Er kann gar nichts anderes sagen.

Nun gut. Es mag sein, wie es will. Ich werde nicht mehr in den Gottesdienst gehen.

* * *

Die Sonntage sind die schrecklichsten Tage hier. Sie sind furchtbar langweilig. Man kann nichts arbeiten und ist gezwungen, vor sich hinzudösen. Heute ist wieder so ein Tag. Ich bin voller Unruhe und sehr gereizt.

Schon heute morgen fing es an. Als die anderen zum Gottesdienst gingen, legte ich mich auf mein Bett. Ich nahm das Buch, das ich aus der Anstaltsbibliothek bekommen habe, und begann zu lesen. Aber auf einmal war es vorbei. Ich konnte mich nicht mehr konzentrieren. Wie auf Kommando begannen die Glocken der beiden Kirchen zu läuten, die nicht weit von hier stehen. Eigentlich nichts Außergewöhnliches. Ich habe sie schon oft gehört. Es ist ja jeden Sonntag so. Aber heute wurde mir ganz seltsam zumute. Die Glocken brachten mich vollkommen durcheinander. Ich mußte ständig an zu Hause denken. Wenn ich gekonnt hätte, wäre ich sogar durchgebrannt, obwohl ich wußte, daß ich zu Hause nicht willkommen gewesen wäre. Vater hat mir angedroht, mich fortzujagen, wenn ich mich unterstehen sollte, jemals wieder meinen Fuß über die Schwelle seines Hauses zu setzen.

Plötzlich ging die Tür auf, und der Prediger kam herein. Er hatte mich im Gottesdienst vermißt und wollte mich nun besuchen. Ich freute mich darüber, daß er mir nicht böse war, aber sonst kam er mir sehr ungelegen. Von

Gott, der die Liebe sein soll, wie der Prediger am vergangenen Sonntag gesagt hatte, wollte ich nichts mehr hören.

Noch bevor der Prediger ein Gespräch beginnen konnte, sagte ich zu ihm:

„Geben Sie sich keine Mühe, mich zu bekehren. Wenn es einen Gott gibt, der allwissend ist, dann müßte Er auch wissen, daß es nicht allein meine Schuld ist, daß ich hier sitze."

„Wer sagte dir denn, daß Er das nicht weiß?" fragte der Prediger.

„Warum bestraft Er dann nicht auch die anderen?" wollte ich wissen. „Warum? Warum?"

Das Gespräch wurde immer heftiger. Wir konnten uns nicht verständigen, und schließlich verabschiedete sich der Prediger.

„Auf Wiedersehen", sagte er zwar; aber ich bin gespannt, ob es wirklich zu einem Wiedersehen kommt oder ob er mich nicht doch fallen läßt. Wundern würde es mich nicht. Ich habe ihm ganz schöne Brocken an den Kopf geworfen.

* * *

Ich kann nicht anders, ich muß vor dem Prediger den Hut ziehen. Immer wieder kommt er zu mir, auch wenn ich noch so gehässig bin. Ich könnte das nicht. Ich würde mir nicht gefallen lassen, was er sich gefallen läßt. Ich könnte keinem ständig Liebe entgegenbringen, wenn er nur Feindschaft zeigt. Ich würde ihn laufen lassen.

Okay, schön ist es aber, wenn man so sein kann wie der Prediger. Nur – woher nimmt er die Kraft dazu? Es kostet Kraft, sehr viel Kraft sogar. Ich kann mir das gut vorstellen. Ist es doch kein leeres Gerede, was er von Gott sagt? Stimmt es vielleicht doch, daß Gott die Liebe ist und die Freude am Herrn die Stärke des Gläubigen?

Wenn ich so zurückdenke, fällt es mir schwer, daran zu glauben.

Aber neulich hat Prediger Dörnberg etwas gesagt, an dem ich nicht vorbeikomme: „Gewiß“, sagte er, „es stimmt heute vieles nicht. Das streitet dir niemand ab. Aber hast du nicht das Kind mit dem Bad ausgeschüttet? – Weißt du, mit dem Evangelium verhält es sich ähnlich wie mit dem Wasser, das kann man auch nicht dafür verantwortlich machen, daß es heute noch so viele Schmutzfinken gibt.“

Hat er damit nicht recht? Warum soll denn Gott nicht mehr Gott sein? Nur weil viele nicht mehr nach Ihm fragen? Warum soll denn Sein Wort nicht gut sein? Nur weil sich viele nicht daran halten?

Je länger ich darüber nachdenke, um so klarer wird mir, daß ich wirklich einen entscheidenden Fehler begangen habe. Ich regte mich über das Unrecht auf, aber ich wurde dann selber ungerecht, als ob man Unrecht mit Unrecht beseitigen könne. Das ist doch ein Ding der Unmöglichkeit. Daraus muß zwangsläufig immer wieder neues Unrecht entstehen. –

War es nicht auch reichlich billig von mir, zu sagen, ich würde ja gerne anständig sein, wenn der andere dies auch wäre? Und der andere, für den ich der andere war, dachte vielleicht genauso. Muß nicht jeder bei sich selbst anfangen, reinen Tisch zu machen, wenn sich was ändern soll?

Ja, ich komme Prediger Dörnberg immer näher. Wenn es noch einen Ausweg aus dem Durcheinander gibt, dann nur durch das Evangelium. Ich finde jetzt, daß die frohe Botschaft eine großartige und auch notwendige Sache ist, für die es sich zu kämpfen lohnt, weil eben so vieles nicht stimmt. Ruht darauf nicht auch eine Verheißung? Soll es denen, die Gott lieben und seine Gebote halten, nicht wohlergehen bis ins tausendste Glied? Und im anderen Fall: Sollen die Sünden derer, die ihn hassen, nicht an den Kindern heimgesucht werden? Das kann ich nicht verantworten. Ich werde ja auch einmal Kinder haben, und sie sollen mich nicht anklagen. Doch mit dem, was ich getan habe, kann man nichts aufbauen, aber alles zerstören. Deshalb muß zunächst in meinem persönlichen Leben das Durcheinander aufgeräumt werden. Mir ist klar geworden, daß ich meine große Schuld vor Gott offen eingestehen muß. Und Prediger Dörnberg hat mir in der Bibel gezeigt, daß Gott jedem ein neues Leben schenkt, der zu Ihm umkehrt. Gott vergibt dann all die großen und kleinen Sünden, weil der Herr Jesus dafür am Kreuz die Strafe getragen hat.

* * *

Ich habe nicht für möglich gehalten, daß es so etwas in Wirklichkeit gibt; daß man trotz aller Bedrängnis froh und vergnügt sein kann. Aber ich bin es jetzt. Ich weiß jetzt auch, weshalb bei mir alles schiefging und weshalb bei allem, was ich tat, nichts Gescheites herauskam. Ich machte nur auf Glauben und hatte ihn in Wirklichkeit nicht. Ich war nur auf der Suche nach Anerkennung. Ich war nicht bereit, meinen erbärmlichen Stolz aufzugeben, mich einfach in die Hände des Heilands fallen und mich von Ihm als Werkzeug gebrauchen zu lassen. Ich schöpfte nur aus dem Eigenen und machte von Jesu Kraft keinen Gebrauch.

Wenn ich jetzt auch Gott meine Schuld bekannt habe und weiß, daß sie vergeben ist, weil Er uns in Seinem Wort zusagt: „Wenn eure Sünden wie Scharlach sind, wie Schnee sollen sie weiß werden…“ so darf ich mir dennoch nichts vormachen. Am Tag meiner Entlassung werde ich draußen deshalb nicht mit offenen Armen empfangen. Im

Gegenteil. Es wird mir eine doppelt schwere Zeit bevorstehen. Zum einen wird mir bei den passenden Gelegenheiten meine Vergangenheit vorgehalten werden, und zum anderen werde ich auf Ablehnung stoßen, weil ich aus dem Rahmen falle, wenn ich nicht mehr nach menschlichen, sondern nach göttlichen Maßstäben, so wie sie in der Bibel aufgezeigt werden, lebe. Aber ich habe keine Angst davor. Wenn ich es auch nicht besser haben werde als früher, so bin ich doch selbst besser dran. Nicht nur, weil ich wieder mit meinen Eltern ins reine gekommen bin und der Prediger mir hilft, sondern weil es so sein wird, wie ich neulich in einem Gedicht las:

*Ob auch die Lasten bleiben,*
*verwandelt wird die Welt:*
*Wo Gottes Brunnen treiben,*
*ist Gottes Kraft gesellt.*

* * *

Ich bin nun wieder zu Hause, und es zeigt sich, daß ich mich nicht getäuscht habe. Meine Lage ist sehr schwierig geworden. In meiner Umgebung weiß jeder, daß ich „gesessen" habe, und bei jeder Gelegenheit wird mir vorgehalten: „Was willst du denn? Faß dich lieber an die eigene Nase!"

Das tut sehr weh. Es ist tatsächlich noch um einiges schlimmer als die Strafe, die ich abgebüßt habe. Die Versuchung zu resignieren ist groß – ich benötige das Gebet, um meinen Weg unbeirrt weitergehen zu können. Aber ich muß nicht verzweifeln. Gerade in solchen Situationen lerne ich immer mehr den Halt schätzen, den der Glaube gibt, und ich kann dann sogar noch entschlossener für das Evangelium eintreten als vorher. Ich verlasse mich nämlich nicht mehr auf meine eigene Kraft. Jetzt weiß ich, daß es im Leben oft Situationen gibt, in denen wir aus eigener Kraft nicht bestehen können.

Nicht alles ist machbar. Deshalb falte ich – so altmodisch das vielleicht klingen mag – immer wieder meine Hände und trage alle meine Probleme zu Dem, der gesagt hat: „So demütiget euch nun unter die mächtige Hand Gottes, damit er euch erhöhe zur rechten Zeit, indem ihr alle eure Sorgen auf ihn werfet; denn er ist besorgt für euch."

Der Herr Jesus steht mir bei, meinen harten Alltag zu bewältigen, auch wenn Er mir nicht immer so hilft, wie ich es mir vorstelle. Nein, ich kann nicht verstehen, weshalb mir immer wieder vorgeworfen wird: „So einer wie du braucht nicht mehr in den Gottesdienst zu gehen!"

Ich finde, genau das Gegenteil ist der Fall. Gerade weil ich weiß, daß ich allein zu schwach und unvollkommen bin, habe ich den Herrn Jesus besonders nötig.

*„Und er hat zu mir gesagt:*

*Meine Gnade genügt dir."*

*2. Korintherbrief 12,9*

# Als es wieder Winter wurde

Es war kalt geworden, ziemlich kalt sogar. Die Gräben und Bäche waren zugefroren. Im Morgengrauen hatte es zu schneien begonnen, und die Flocken wirbelten in dem engen Gebirgstal wie brodelndes Wasser in einem mächtigen Kessel.

Während der heftige Wind gegen das kleine Haus am Fuß des Schattenberges stieß, nahm Frau Esther am Schreibtisch Platz. Besorgt sah sie zum Fenster hinaus.

„Wenn das so weiterschneit, wird dic Talzufahrt bald gesperrt werden, und ich kann das Wochenende hier allein verbringen“, dachte sie.

Das war keine angenehme Vorstellung. An den Wochenenden wollte sie mit ihrem Mann zusammensein, auf den sie sonst so oft verzichten mußte. So zogen sie sich schon seit Jahren über die Wochenenden in dieses kleine, aber gemütliche Anwesen zurück.

Frau Esther reiste jedesmal einen Tag vorher an, um das Haus unter Mithilfe eines Dorfmädchens herzurichten. Sie war zügig vorangekommen und konnte sich so erlauben, am Schreibtisch in der Fensternische Platz zu nehmen und dem Schneetreiben zuzusehen. Mit dem Gedanken an ihren Mann, der noch in der Praxis Dienst tat, wurden plötzlich alte Erinnerungen wach. Ihr kam die Idee, diese Erinnerungen niederzuschreiben. Die Gelegenheit dazu erschien ihr günstig, weil sie allein war und bei dem Wetter nicht aus dem Haus konnte.

Ein Manuskript, nein, ein Manuskript, das sich zur Veröffentlichung eignete, war nicht geplant. Es sollte einfach eine Gelegenheit sein, die Vergangenheit noch einmal an sich vorüberziehen zu lassen und festzuhalten. Vielleicht konnten auch ihre Kinder, die schon ausgeflogen waren und eigene Familien gegründet hatten, daraus Wegweisung finden. Das war aber auch schon alles.

Frau Esther suchte Papier und Kugelschreiber, legte beides vor sich auf den Tisch und versank in Nachdenken, während der Wind heulend um das Haus fegte.

Wenig später nickte sie und sagte in die Stille des mollig warmen Zimmers hinein: „Ja, so gehe ich vor. Ich beginne damit, wie ich zu diesem Haus in den Bergen kam, weil es an entscheidenden Punkten meines Lebens eine besondere Rolle spielte."

Dann nahm sie den Kugelschreiber und ließ ihn über das Papier huschen:

Tante Annette wurde, soweit ich mich entsinnen kann, in unserer Familie nicht ernst genommen. Das hatte, wie ich heute meine, zwei Gründe; zum einen, weil sie unverheiratet, und zum anderen, weil sie gläubig war. Für beides hatte mein Vater die Erklärung parat: „Sie ist nicht ganz auf dem laufenden."

Wähnte er meinen Bruder und mich außer Hörweite, benutzte er auch deftigere Wort. Daß die Tante ein gutgehendes Warenhaus leitete, beachtete er in solchen Augenblicken nicht. Von daher stand ich, zumindest als ich älter wurde, seiner Ansicht über die Tante skeptisch gegenüber. Und jedesmal, wenn Tante Annette uns besuchte, war ich in ihrer Nähe zu finden. Sie war, gerade durch Vaters Einstellung, interessant für mich geworden. Ich wollte immer mehr von ihr und über sie erfahren. Und sie gab mir bereitwillig Auskunft. So entwickelte sich zwischen uns eine enge Beziehung.

Die Folge war, daß sie mir – ich mag damals elf oder zwölf Jahre alt gewesen sein – ein ausgefallenes Geburtstagsgeschenk machte. Das war mir aber zuerst nicht bewußt. Ich war an dem betreffenden Geburtstag sogar enttäuscht. Mir erschien es zu wenig, als mir die Tante nur einen Briefumschlag überreichte, wo ich es doch gewohnt war, von ihr große Pakete zu erhalten.

Meine Enttäuschung wurde auch nicht geringer, als ich den Umschlag öffnete, das Blatt herausnahm und in großen Buchstaben das Wort „Testament“ las. Trotzdem buchstabierte ich weiter und fand einen Bibelspruch:

„Wenn ich mit den Sprachen der Menschen und der Engel rede, aber nicht Liebe habe, so bin ich ein tönendes Erz geworden oder eine schallende Zimbel ... Die Liebe ist langmütig, ist gütig; die Liebe neidet nicht; die Liebe tut nicht groß, sie bläht sich nicht auf, sie gebärdet sich nicht unanständig, sie sucht nicht das ihrige, sie läßt sich nicht erbittern, sie rechnet Böses nicht zu, sie freut sich nicht mit der Ungerechtigkeit, sondern sie freut sich mit der Wahrheit, sie erträgt alles, sie glaubt alles, sie hofft alles, sie erduldet alles.“

Auch das verstand ich nicht; ich war so enttäuscht. Ich konnte nicht begreifen, was dieses Schreiben mit einem Geburtstagsgeschenk zu tun haben sollte. Flüchtig warf ich Tante Annette einen Blick zu und stellte fest, daß sie erwartungsvoll lächelte. In ihren Augen meinte ich die Aufforderung zu erkennen: „So lies doch weiter!“ und tat es deshalb auch:

„Hiermit vermache ich mein kleines Haus in den Bergen und alles, was mir lieb und teuer ist, meiner kleinen Freundin Esther Arnsberg. Das kleine Haus soll ihr eine Zuflucht sein, falls auch sie einmal wie ein wundes Tier vor Menschen fliehen, die Einsamkeit suchen und zu Gott rufen sollte: Hast auch Du mich vergessen? –

Gerade ein Großstadtkind hat das heute doppelt nötig. Doch möge Gott, der Herr, sie vor viel Tränen und Herzeleid bewahren, wie mir beschieden war. Annette Vomhoff.“

Ich verstand nur so viel, daß mir die Tante ihr Haus schenken wollte, und freute mich riesig darüber. Ich hatte ein größeres Geburtstagsgeschenk erhalten als je zuvor.

Die Eltern schienen meine Freude aber nicht zu teilen. Sie sagten zwar nichts, konnten aber auch nicht lächeln. Und wie ich heute vermute, fand zwischen ihnen und Tante Annette noch am gleichen Abend eine Auseinandersetzung statt; denn am nächsten Morgen reiste die Tante wieder ab, obwohl sie versprochen hatte, einige Tage bei uns zu bleiben. Ich war sehr traurig darüber und weinte stundenlang. Zu meiner Überraschung fand ich bei den Eltern aber keinen Trost. Im Gegenteil, sie reagierten streng und meinten:

„Jetzt stell dich nicht so an! Sie wird schon mal wiederkommen."

Doch Tante Annette besuchte uns nicht mehr. Etwa ein halbes Jahr später traf die Nachricht ein, daß sie plötzlich verstorben war. Als Todesursache wurde Herzversagen angegeben. Meine Eltern waren sehr betroffen und zeigten sich bei der Beerdigung fassungslos.

„Wenn wir doch noch einmal, nur noch einmal mit ihr hätten reden können!" hörte ich Mutter einige Male voller Verzweiflung sagen.

Wochen später kam ein Brief vom Amtsgericht, in dem ich offiziell als Eigentümerin von Tante Annettes kleinem Berghaus bestätigt wurde.

Aber ich konnte das Haus nicht nutzen, da ich noch zu jung war und keine Handlungsvollmacht besaß. Meine Eltern nahmen es damals nicht in Anspruch, weil sie gegen das Geschenk waren. So stand das kleine Berghaus lange Zeit unbewohnt, und ich fürchtete, es würde zerfallen. Während dieser Zeit wünschte ich mir, schneller erwachsen zu werden, um aus dem Haus etwas machen zu können. Pläne hatte ich dazu genug.

Doch dann geschah etwas, was mich zutiefst erschütterte und sogar das Haus in den Hintergrund drängte.

Im Dezember des folgenden Jahres kamen mein Bruder und ich zu der Überzeugung, daß unsere Eltern irgend etwas vor uns verheimlichten. Jede Spur von Heiterkeit war einer furchtbaren Bedrückung gewichen, die selbst uns Kinder belastete. Wir suchten zwar das Geheimnis zu lüften, erhielten aber nur ausweichende Antworten, die uns noch mehr verwirrten.

Mitte Januar kam Mutter ins Krankenhaus. Uns wurde gesagt, sie müsse sich operieren lassen. Mehr erfuhren wir nicht. Schließlich meinte mein Bruder, der zwei Jahre älter war als ich: „Du, ich laß mir von Vater nichts mehr erzählen. Der sagt uns nicht die Wahrheit. Bei Mutter liegt was Schlimmes vor, sonst würden sie nicht so geheimnisvoll tun."

Ich stimmte ihm zu und brach in Tränen aus. Er spielte den Starken und versuchte mich zu trösten. Aber es gelang ihm nicht, weil ich merkte, daß auch er ratlos war. Als wir später mein Zimmer verließen, zog sich mein Bruder in den Bastelraum zurück, während ich unruhig durch das ganze Haus ging.

Zum erstenmal konnte ich mich an der kunstvollen Einrichtung, die Vater als kleiner Unternehmer zusammengetragen hatte, nicht erfreuen. Sie kam mir so wertlos, so überflüssig vor, weil sie mir nichts von dem geben konnte, wonach sich mein Herz in dieser Stunde sehnte, nämlich Trost und Geborgenheit. Ich blieb auf der breiten Marmortreppe zum oberen Stock stehen, drehte mich um und ließ meinen Blick über den geräumigen Flur mit den Spiegeln, Bildern und Vasen schweifen. Bei diesem Anblick waren einige meiner Freundinnen stets ins Staunen geraten und hatten mich um mein Elternhaus beneidet.

Doch in diesem Augenblick verspürte ich keinen Stolz, den ich sonst empfunden hatte. Statt dessen fragte ich mich: „Was haben wir eigentlich, das in der Not Halt geben, das tragen könnte?" – Und ich kam zu der enttäuschenden Antwort: „Nichts!" – Ein Schauer lief mir über den Rücken. Alles kam mir unheimlich kalt in unserem Haus vor.

Etwa einen Monat nach der Operation war Mutter wieder zu Hause. Aber selbst wir Kinder merkten, daß ihr nicht geholfen worden war. Ihr Zustand hatte sich eher noch verschlechtert. Sie mußte weiterhin das Bett hüten und konnte es nur kurze Zeit verlassen.

Mein Bruder und ich bekamen Angst. Wir fürchteten um Mutters Leben und vertrauten Vater unsere Sorge an. Aber auch jetzt erhielten wir keine klare Antwort. Wir fühlten uns hintergangen und weinten oft. Das taten wir natürlich nur, wenn wir auf unseren Zimmern waren. Wir wollten nicht, daß Mutter es merkte und ihr Herz schwer wurde.

Nicht nur wir Kinder litten in jener Zeit Not, auch unser Haushalt geriet in Unordnung. Die ordnende Hand der Mutter fehlte überall. Auf Anraten seiner Schwester entschloß Vater sich, eine Wirtschafterin einzustellen. Seine Wahl fiel auf eine etwas ältere Frau namens Ria Mornshausen. Sie hatte ein gütiges Gesicht und wirkte anziehend. Frau Mornshausen verstand es, nicht nur die Not unseres Haushaltes zu beheben, sondern auch die von uns Kindern. Sie war sehr einfühlsam und erinnerte mich an meine verstorbene Tante Annette. – In einem längeren Gespräch erfuhr ich, daß sie eine gläubige Frau war.

Unser Haus gewann zunehmend wieder an Wärme. In jeder freien Minute saßen mein Bruder und ich mit Frau Mornshausen zusammen. Wir schütteten ihr unsere Herzen aus und sprachen über unsere große Angst, daß Mutter sterben könnte. Ich entsinne mich noch gut an diese Gespräche, sehe deutlich, wie Frau Mornshausen damals vor uns saß. Sie ließ den Kopf sinken und dachte nach.

Dann erklärte sie: „Ja, es stimmt, eure Mutter ist schwer krank. Es kann sein, daß sie nicht mehr lange bei euch ist. Aber ich weiß es nicht genau. Das weiß wohl auch kein Mensch. Das weiß letztlich nur Gott. Und Er kann auch ein Wunder tun. Er kann eure Mutter wieder gesund machen, auch wenn die Menschen etwas anderes sagen."

Mein Bruder und ich atmeten erleichtert auf.

Doch Frau Mornshausen fuhr fort: „Gott kann sie wieder gesund machen, Er muß jedoch nicht. Wenn Er einen anderen Beschluß gefaßt haben sollte, dann kommt sie ins himmlische Vaterhaus. Aber es ist nötig, daß eure Mutter die errettende Hand des Heilands ergreift. Denn in das Vaterhaus kommen nur diejenigen, die Gott ihre Sünden bekennen und an den Herrn Jesus und Sein Erlösungswerk glauben. Und wenn ihr später einmal mit eurer Mutter zusammensein wollt, müßt auch ihr diesen Schritt tun."

Gern wollten wir dem Herrn Jesus folgen. Die Not um unsere Mutter hatte unsere Herzen für das Evangelium empfänglich gemacht. So nahmen wir an diesem Tag den Herrn Jesus als Erretter und Herrn in unser Leben auf. Frau Mornshausen schloß uns bewegt in die Arme. Dann sah ich, daß sie weinte. Später bat sie uns, sie in Zukunft Tante Ria zu nennen.

Von diesem Tag an war in unserem Haus vieles anders, obwohl sich rein äußerlich nichts verändert hatte. Mutter blieb weiterhin krank, sie konnte das Bett nicht mehr verlassen. Aber mein Bruder und ich versanken nicht mehr in Hoffnungslosigkeit, wir hatten nun mitten im Leid einen Halt gefunden.

Nach einiger Zeit erinnerten wir uns an Tante Rias Worte: „Eure Mutter wird nur dann in das himmlische Vaterhaus kommen, wenn sie die Hand des Heilands ergriffen hat." – Ob sie das getan hatte, wußten wir nicht.

Deshalb beschlossen wir, mit ihr zu reden. An ihrem Krankenbett stehend, fanden wir nicht die rechten Worte und stotterten unbeholfen herum. Trotzdem verstand Mutter, was wir wollten, und zum Schluß fügte ich hinzu: „Weißt du, wir möchten so gern, daß du einmal mit uns im Himmel zusammen bist."

Da legte sich ein Leuchten auf Mutters welke Züge. Sie richtete sich mühevoll auf, hob langsam ihre Hände und strich uns zärtlich über die Wangen:

„Habt keine Angst, Kinder. Frau Mornshausen hat auch mit mir gesprochen, und ich habe dem Heiland mein Leben übergeben, so wie ihr."

Wortlos fiel ich ihr um den Hals, drückte und küßte sie.

Im Herbst, als der Wind das bunte Laub von den Bäumen riß, wurde Mutter von uns genommen. Bei der Beerdigung war Vater sehr niedergeschlagen und der Verzweiflung nahe. Auch mein Bruder und ich litten unter dem Abschied. Doch wir wußten, daß es für uns kein Abschied für immer war und daß wir Mutter einmal wiedersehen würden.

Vater konnte uns nicht verstehen. Als wir von der Beerdigung nach Hause kamen, meinte er verärgert: „Ich finde es schlimm, daß ihr so kühl seid. Ihr habt Mutter wohl gar nicht lieb gehabt!"

Uns Kindern tat das so weh, daß wir nichts entgegnen konnten. Tante Ria, die dabeistand, schüttelte mißbilligend den Kopf.

Doch Vater ging nicht darauf ein. Er wandte sich um und schritt in sein Arbeitszimmer ...

* * *

Frau Esther sah von ihrem Manuskript auf, weil die Dämmerung anbrach. Als sie zum Fenster hinausblickte, stellte sie fest, daß es noch immer schneite. Die Tannen und die Sträucher im Vorgarten sahen recht romantisch aus. Das

Bild paßte so richtig in die winterliche Gebirgslandschaft. Doch Frau Esther konnte sich nicht lange daran erfreuen, weil ihr die Talzufahrt in den Sinn kam. Wenn die schmale Straße gesperrt werden müßte, könnte ihr Mann über das Wochenende nicht zu ihr kommen.

Nach einer Pause riß sich Frau Esther von den bedrückenden Gedanken los. Sie schaltete die Schreibtischlampe an, wandte sich wieder ihrem Manuskript zu und schrieb:

* * *

Von diesem Zeitpunkt an war zwischen Vater und uns Kindern etwas zerbrochen. Kein normales Gespräch kam mehr zustande. Nur die wichtigsten Mitteilungen wurden noch ausgetauscht. Meinem Bruder, der damals siebzehn Jahre alt war, machte das nicht viel aus. Wenn ich mit ihm darauf zu sprechen kam, winkte er ab und meinte: „Laß ihn doch machen, was er will!“

Ich konnte aber nicht so darüber hinweggehen. Mich belastete das. Ich versuchte deshalb weiter, mit Vater zu sprechen. Aber wenn er merkte, worauf ich hinauswollte, bog er das Gespräch ab, und alles war vorbei. Wie gut, daß wir unsere mütterliche Tante Ria im Haus hatten, mit der ich reden und beten konnte.

Dann geschah etwas, das wie ein Wunder war. Es war an einem Abend, als wir wie gewöhnlich im Eßzimmer um den Tisch saßen und es uns schmecken ließen. Mit einem Mal räusperte sich Vater und erklärte:

„An diesem Wochenende bleiben wir nicht zu Hause. Wir werden verreisen, weit fort von hier.“

An dem Tonfall seiner Stimme merkten wir, daß diese Sache feststand. Mein Bruder und ich sahen erstaunt auf. Tante Ria fragte: „Wohin soll es denn gehen? Und weshalb möchten Sie fort – wenn ich fragen darf?“

Es ist wohl gut, wenn man erst hinterher fragt, ob man fragen darf; dann ist die Frage schon gestellt, und der Gefragte kann die Antwort nur schwer verweigern.

So kam nach kurzem Zögern über Vaters Lippen: „Über das Wochenende halte ich es hier nicht aus, wo mich alles an meine Frau erinnert. Ich muß in eine andere Umgebung und habe mir gedacht, wir könnten das Haus in den Bergen aufsuchen, das Esther von ihrer Tante Annette geschenkt bekam."

Ich war sofort damit einverstanden und freute mich riesig. Auch mein Bruder und Tante Ria stimmten zu. Schon am nächsten Tag wurden die ersten Vorbereitungen zur Abreise getroffen, und am späten Freitagnachmittag starteten wir in Richtung Süden.

Unterwegs kam mir die Frage: „Weshalb hat sich Vater für dieses Wochenende gerade das Berghaus ausgesucht? Warum will er mit uns zusammensein, wo er uns doch die ganze Zeit aus dem Weg ging?" – Eine Antwort darauf fand ich nicht.

Als wir vor dem Haus aus dem Wagen stiegen, mußten wir tüchtig zupacken. In den Tagen vor unserer Ankunft hatte es in dem Gebirgstal heftig geschneit, und es galt nun, den Weg zur Tür freizuschaufeln. Auch im Haus hatten wir alle Hände voll zu tun, da es lange Zeit unbewohnt gewesen war.

Tante Ria meinte schelmisch: „Wir müssen uns den Wochenendurlaub ja redlich verdienen! Hoffentlich werden wir mit dem Putzen noch vor der Abreise fertig."

Doch wir wurden sogar so zeitig fertig, daß es schon am späten Samstagvormittag nichts mehr zu tun gab. So konnten wir uns in aller Ruhe auf den Sonntag vorbereiten und den Gottesdienst besuchen.

Der Prediger wies in klaren, eindringlichen Worten auf das Heil hin, das in Christus auf diese Welt kam. „An

Christus vorbei", so sagte er, „ist die Sinnerfüllung des Lebens nicht zu finden."

Vater wurde sehr nachdenklich und sprach auf dem Heimweg nur wenig. Als wir nach dem Mittagessen in dem kleinen, aber gemütlichen Wohnzimmer meines Berghauses zusammensaßen räusperte er sich und sprach uns an: „Vielleicht habt ihr euch gewundert, daß ich über das Wochenende gerade hierher wollte. Ich wollte einfach ungestört mit euch reden. So wie bisher darf es nicht weitergehen. Wir laufen aneinander vorbei und schlagen uns gegenseitig Wunden. Das kann doch nicht der Sinn des Lebens sein. Wir müssen einen gemeinsamen Nenner finden. Meint ihr nicht auch?"

Wir Kinder nickten, und Tante Ria sagte: „Ja, das ist wahr, es muß zu einer Verständigung kommen. Der heutige Tag ist dazu geeignet, weil er uns daran erinnert, daß Gott Seinen Sohn zu unserer Erlösung in den Tod geschickt und wieder auferweckt hat. Für alle, die an Ihn glauben, ist Er der Erretter und Helfer."

Es entstand eine längere Pause, in der Vater intensiv nachdachte. Dann entspann sich zwischen ihm und Tante Ria ein tiefgehendes Gespräch. Mein Bruder und ich konnten nicht in allem folgen und gingen bald ins Bett. Als wir am nächsten Morgen, einem Feiertag, die Küche betraten, fanden wir Tante Ria allein vor. Sie strahlte und erklärte: „Kinder, auch das Leben eures Vater ist in dieser Nacht heil geworden. Er hat gestern abend den Herrn Jesus als seinen Erlöser kennengelernt und will Ihm nachfolgen."

Mein Bruder und ich brachen in lauten Jubel aus.

Dieser Tag im Berghaus verlief in einer wunderbaren Harmonie, die auch bestehenblieb, als wir wieder nach Hause fuhren. Trotzdem wurde Vater hin und wieder von Schwermut befallen. Während dieser Phasen zog er sich jedesmal in mein Berghaus zurück.

„Die Stille im Gebirgstal tut mir so gut“, sagte er. Und wir ließen ihn gewähren, weil er immer wieder froh zurückkam.

Das ging etwa ein Jahr lang so. Dann fuhren wir wieder – Vater hatte gerade Geburtstag – gemeinsam zum Berghaus. Wie schon im Jahr zuvor besuchten wir den Gottesdienst. Anschließend schickte uns Vater allein nach Hause mit der Begründung, daß er noch etwas zu erledigen habe. Nichtsahnend stapften mein Bruder und ich an der Seite von Tante Ria zum Berghaus. Weil Vater länger auf sich warten ließ, als wir angenommen hatten, begannen wir mit dem Essen. Da wurde plötzlich die Haustür geöffnet, und wir hörten Schritte im Flur. Doch zu unserem Erstaunen war es nicht nur Vaters Schritt allein.

Tante Ria meinte scherzend: „Euer Vater wird sich wohl ein Geburtstagsgeschenk mitgebracht haben.“

Mein Bruder und ich kicherten leise.

Die Zimmertür wurde geöffnet, und mein Vater führte eine Frau herein, die um einige Jahre jünger war als er.

Unser Erstaunen schlug in Verlegenheit um, die sich auch auf Vater und seine Begleiterin übertrug. Doch Vater fing sich bald wieder und machte dem peinlichen Schweigen ein Ende.

„Das ist Frau Nörenberg aus München“, stellte er uns die Dame vor. „Wir haben uns hier kennengelernt und beschlossen, unsere Bekanntschaft aufrechtzuerhalten. Ich denke, das ist gut, wenn zwei füreinander da sind und sich austauschen können. Mir jedenfalls hilft es sehr viel.“

Wir schwiegen. Doch war der ganze Nachmittag irgendwie verkrampft. Auch über den folgenden Tagen lag eine Spannung, die unzufrieden machte.

* * *

So schnell wie Tante Ria und ich vermuteten, heiratete Vater diese Frau Nörenberg nicht. Es zogen noch einige

Jahre ins Land. Erst kurz vor meinem Abitur war es dann soweit.

Die Hochzeit fand an einem Wochenende in kleinem Kreis statt. Kurz danach, für uns alle überraschend, kündigte Tante Ria ihren Dienst und ging. Beim Abschied fragte ich sie nach dem Grund und erhielt zur Antwort: „Es ist besser so. Glaube mir, Kind."

Ich glaubte das nicht und war ärgerlich auf meine junge Stiefmutter, weil für mich feststand, daß sie der Anlaß war, der meine geliebte Tante Ria aus dem Haus getrieben hatte. Deshalb konnte meine neue Mutter tun, was sie wollte, sie stieß bei mir auf Ablehnung. Manchmal hatte ich den Eindruck, daß sie erheblich darunter litt. In solchen Augenblicken tat sie mir leid, und ich nahm mir vor, mich zu ändern und sie gern zu haben. Aber irgendwie brachte ich es doch nicht recht fertig.

Das ging eine ganze Zeit so. Auf einmal erkrankte Vater. Er wurde von unserem Hausarzt in die Klinik überwiesen. Sein Zustand verschlechterte sich zunehmend. Als es besonders kritisch um ihn stand, beschloß meine Stiefmutter, nachts an seinem Krankenbett zu wachen. Da ich inzwischen das Abitur geschafft und das Studium noch nicht angefangen hatte, beschloß ich, das gleiche zu tun. So kam es, daß wir zu zweit Nachtwache hielten. Und jetzt, in den endlos lang erscheinenden Stunden, in denen ich so nahe mit meiner Stiefmutter zusammen war, lernte ich sie in einem anderen Licht sehen. Ich erkannte, daß sie eine tiefgläubige Frau war, die meinen Vater nicht aus Gewinnsucht, nicht wegen seines kleinen Industriebetriebes geheiratet hatte, sondern weil sie ihn liebte. Mir ging auf, daß sie Tante Ria nicht aus dem Haus geekelt hatte, sondern daß diese freiwillig gegangen war. Ganz einfach, weil wir Kinder uns so stark an sie gebunden hatten und sie nicht als Hindernis zwischen uns und unserer neuen Mutter stehen wollte. In diesen Nachtwachen fanden meine Stiefmutter und ich am Krankenbett meines Vaters endgültig zusammen. Sie begann nun aus ihrem Leben zu erzählen, und ich erfuhr, daß ihre Eltern in München ein großes Lebensmittelgeschäft betrieben. Dann berichtete sie von ihren wesentlich jüngeren Zwillingsbrüdern. Der eine von ihnen, so erzählte sie, werde das Geschäft der Eltern übernehmen, der andere habe Medizin studiert und vor kurzem sein Examen gemacht.

Durch unser Zusammenfinden wurde die Last, die sich durch Vaters Erkrankung auf mich gelegt hatte, wesentlich erleichtert. Ich hatte wieder jemand, mit dem ich reden, dem ich meine Nöte anvertrauen und mit dem ich beten konnte. Außerdem wußte ich, daß ich nicht allein sein würde, wenn nun auch Vater von uns genommen werden sollte.

Doch Vaters Zustand besserte sich. Als er wieder genesen und zu Hause war, schlug meine Stiefmutter vor: „Du könntest mal meine Eltern besuchen und dadurch auch diese verwandtschaftlichen Beziehungen festigen."

Ich war damit einverstanden. Die Reise nach München wurde geplant. Als alle Fragen geklärt waren, fuhr ich mit dem Zug los. In München wurde ich von den Zwillingsbrüdern meiner Stiefmutter abgeholt. Ich stellte fest, daß die beiden wirklich wesentlich jünger waren als ihre Schwester. Ich schätzte die jungen Herren etwa sechs bis sieben Jahre älter als mich und hatte damit, wie sich später herausstellte, auch recht. Äußerlich sahen sich die beiden sehr ähnlich, ihrem Wesen nach waren sie aber sehr verschieden. Der eine, der sich mir als Gernot vorstellte, war lebhaft und ständig am Plaudern, sein Bruder Siegfried dagegen wirkte eher zurückhaltend. Seine Art war mir gleich angenehmer.

Die Herren führten mich zu einem BMW, und Gernot kutschierte uns in flotter Fahrt durch verschiedene Straßen, bis wir in einem Außenbezirk vor einem geschmackvollen Haus anhielten.

„So, hier sind wir daheim", erklärte er, während Siegfried aus dem Wagen sprang und mir die Tür öffnete.

Im Flur des geschmackvoll eingerichteten Hauses wurde ich von meiner neuen Großmutter empfangen. Sofort fühlte ich mich zu ihr hingezogen, weil sie mich mit ihrem Wesen an Tante Ria erinnerte. Durch ihre freundliche, offene Art nahm sie mir den Eindruck, bei ihnen fremd zu sein, und vermittelte mir das Gefühl, zu alten Bekannten zu kommen.

Etwa eine Stunde später hatte ich auf meinem Zimmer die mitgebrachten Sachen ausgepackt und stand am Fenster, das einen herrlichen Ausblick auf einen parkähnlichen Garten bot. Noch einmal ließ ich die ersten Eindrücke in diesem Haus an mir vorüberziehen. Mir kamen Bedenken.

Ich sagte mir: „Die Freundlichkeit und Harmonie wurden wohl nur zu deinem Empfang aufgeboten. Sie sind wohl kaum ein fester Bestandteil in dieser Familie!"

Als ich später das Zimmer verließ und wieder nach unten ging, stand ich allen und allem in diesem Haus kritisch gegenüber.

Doch ich fand nichts, was die ersten Eindrücke aufgehoben hätte. Ich sah nur, daß Großmutter die Seele des Hauses war, die alles überstrahlte, und daß die beiden Söhne sich unwillkürlich von diesem Strahlen anstecken ließen.

Später, als der Großvater vom Geschäft nach Hause kam, wurde auch er von der Großmutter liebevoll und mit großer Selbstverständlichkeit umsorgt. Ich gewann den Eindruck, ohne ihre gütigen Hände würde er sich gar nicht zurechtfinden.

An all dem änderte sich auch in den folgenden Tagen nichts. Ich gab meine kritische Haltung wieder auf. Ja, ich schämte mich sogar, an der Wahrhaftigkeit dieser Leute gezweifelt zu haben.

Später, als ich wieder auf meinem Zimmer war, bat ich den Herrn um Vergebung für meine Gedanken.

Wie sehr mich diese Familie als zu ihr gehörig ansah, erfuhr ich schon nach kurzer Zeit. Es war an einem Abend, als Großvater vom Geschäft zurückkam. Ich verließ gerade mein Zimmer, um nach unten zu gehen. Mitten auf der Treppe hörte ich, wie er im Wohnzimmer fragte: „Wo ist denn mein Töchterchen?"

Das machte mich so froh, daß ich am liebsten einen Jauchzer ausgestoßen hätte. Ich ging ins Wohnzimmer, umarmte Großvater und gab ihm einen Kuß. Ein kurzer Blick zur Großmutter zeigte mir, daß sie sich darüber freute, ebenso wie er.

So wollte ich gern für längere Zeit hierbleiben. Das konnte ich auch, weil sich, wie mir von der Hochschule mitgeteilt wurde, mein Studienbeginn durch verschiedene Umstellungen um ein halbes Jahr verschob. Außerdem hatte mir Vater vor der Abreise versprochen, für alle Kosten aufzukommen, solange ich in München bleiben wollte.

Nach dem Abendbrot, während ich Großmutter beim Abräumen des Tisches half, rückte ich vorsichtig mit meinem Plan heraus. Schließlich mußten auch die Nörenbergs damit einverstanden sein, wenn ich für länger in München bleiben wollte. Und Großmutter war damit einverstanden, sofort sogar. Auch die drei Männer stimmten freudestrahlend zu, als ihnen Großmutter mein Anliegen unterbreitete.

Wenig später lud mich Gernot ein, abends mit ihm auszugehen. Ich nahm die Einladung an und lernte ihn nur noch deutlicher als ausgelassenen jungen Mann kennen. Unsere Unterhaltung bestand über weite Strecken nur aus Neckereien, und ich erlebte einen lustigen, unterhaltsamen Abend.

Solche Einladungen erhielt ich in der Folgezeit noch oft von Gernot und nahm sie auch an. Trotz seiner Neckereien mochte ich ihn leiden. Doch in manch stiller Stunde wurde mir klar, daß mir Siegfried, der junge Arzt, besser gefiel. Aber Siegfried lud mich nie ein. Bedeutete ich ihm vielleicht gar nichts?

Diese Frage beschäftigte mich eine ganze Zeit. Sogar dann, wenn ich mit Gernot unterwegs war. Sie nahm unserem Zusammensein die Unbeschwertheit. Wochen später, ich hatte die Hoffnung schon fast aufgegeben, erhielt ich auch von Siegfried eine Einladung. Glücklich nahm ich sie an. Doch so sehr ich mich vorher auf diesen Spaziergang gefreut hatte, so enttäuscht war ich nachher. Unser Gespräch verlief nur stockend. Wir fanden einfach kein Thema, das uns beide interessierte. Trotzdem fühlte ich mich zu ihm hingezogen. Wenn ich ihn beobachtete, hatte ich den Eindruck, daß es ihm ebenso erging.

Dann kam wieder Gernot mit einer Einladung. Die Stadtausflüge mit ihm waren zwar lustiger, aber sie befriedigten mich nicht. Ich kam nicht von Siegfried los und versuchte, ihn für mich zu gewinnen.

An einem Nachmittag bat Großmutter mich sie in die Stadt zu begleiten. Ich erkundigte mich nach ihrem Vorhaben. Sie antwortete: „Weißt du, nicht allen geht es so gut wie uns, Esther. Deshalb kamen Großvater und ich überein, notleidenden Menschen zu helfen. Wir besorgten uns Anschriften von einigen Familien in der Stadt und betreuen sie schon seit Jahren. Das heißt, wir besuchen sie zumindest einmal im Monat und bringen ihnen Lebensmittel oder andere Dinge, an denen es gerade fehlt. Wir tun das, weil wir unserem Herrn gehorsam sein möchten, der uns den Auftrag gab, mit anderen zu teilen. Das sagen wir den Leuten auch. Sie sollen nicht denken, daß wir uns einen Namen machen und ihnen nur äußerlich helfen wollen."

Das fand ich sehr gut. Ich sah dem vereinbarten Nachmittag mit Spannung entgegen. Und ich sollte mich nicht getäuscht haben. Was wir erlebten, war traurig und frohmachend zugleich.

Am Abend, als wir gemeinsam im Eßzimmer um den Tisch saßen, lobte Großmutter meine Einsatzbereitschaft. „Stellt euch vor", sagte sie, „Esther hat schmutzige Kinder auf den Arm genommen und geküßt."

Mein Blick fiel auf Siegfried, und ich sah, wie ein Strahlen über seine Züge glitt. Als er mich später allein auf dem Flur antraf, sagte er: „Es freut mich, daß du dich nicht nur von redegewandten Leuten umschwärmen lassen kannst."

Zu einer Entgegnung kam ich nicht mehr, weil Großvater erschien, Siegfried die Treppe hinaufhuschte und in seinem Zimmer verschwand.

Seine Worte brannten jedoch in meinem Herzen, und ich konnte in dieser Nacht lange nicht einschlafen. Ich wurde erst ruhiger, als mir die Frage kam: „Warum siehst du seine Äußerung nur als Vorwurf? Sie kann auch Anerkennung bedeuten!" Gleichzeitig hatte ich sein Gesicht vor Augen und meinte, in seinen Zügen eine große Zuneigung zu mir zu erkennen. „Ja", sagte ich voller Gewißheit in das Dunkel meines Zimmers, „jetzt werden wir zusammenfinden." –

Mit diesem beglückenden Gefühl schlief ich ein.

Am nächsten Morgen kam Gernot auf mich zu und lud mich wieder zu einem abendlichen Spaziergang ein. Ich verspürte zwar keine Lust dazu, fand aber nicht die Kraft, ihm eine Absage zu erteilen. Dafür hatte ich den ganzen Tag über eine seltsame Vorahnung. Mir war, als würde bei diesem Spaziergang etwas Außergewöhnliches auf mich zukommen.

So war es auch. Kurz nachdem wir eine Eisdiele betreten hatten, setzte Gernot ein spitzbübisches Gesicht auf und hielt in seiner gewohnten lockeren Art um meine Hand an. Diesen Augenblick hatte ich mir anders vorgestellt, etwas feierlicher – jedenfalls aber ernster, und deshalb erschien mir Gernots Antrag wie ein greller Mißklang. Aber meine Gedanken arbeiteten fieberhaft.

Ich überlegte: „Wenn du ihm das Jawort gibst, hast du hier Heimatrecht und gehörst zu dieser harmonischen Familie. Gernot ist dir ja auch nicht unsympathisch. Aber reicht das aus, um seine Frau zu werden, um ein Leben lang mit ihm zu gehen? – Und was ist mit Siegfried? – Was machst du, wenn auch er in den nächsten Tagen kommt und um deine Hand anhält? – Doch, wenn er nicht kommt, dann bleibst du allein!" Diese und ähnliche Gedanken kreisten wie wild durch meinen Kopf. Nach längerer Pause bat ich Gernot, mir etwas Zeit zu geben, um zur Antwort zu kommen. Wir vereinbarten, in den nächsten Tagen wieder spazierenzugehen.

Zu Hause angekommen warf ich mich auf mein Bett und grübelte stundenlang. Als ich etwas ruhiger wurde, kniete ich mich hin und betete: „Herr, zeige mir Deinen Willen für mein Leben." Erschöpft schlief ich bald ein.

Je länger ich in den nächsten Tagen darüber nachdachte und je mehr ich betete, desto deutlicher wurde mir klar, daß Gernot nicht der Mann war, den ich heiraten sollte.

Beim nächsten Spaziergang gab ich ihm eine Absage. Schweigend schritt er neben mir nach Hause. Ich brachte es auch nicht fertig, ein neues Gespräch zu beginnen. Etwa zwei Wochen mied mich Gernot. Dann brach sein

Humor wieder durch, und er fand mir gegenüber wieder zu dem geschwisterlichen Ton.

Doch auf Siegfried wartete ich vergebens. Er kam nicht, weder mit einer Einladung zu einem Spaziergang noch mit einem Heiratsantrag. Statt dessen teilte mir seine Mutter nach etwa einem Monat freudestrahlend mit: „Stell dir vor, Siegfried will in die Mission gehen. Er hat sich schon bei einer Gesellschaft beworben und wird, so Gott will, in Afrika Dienst tun."

Wahrscheinlich nahm mein Gesicht entsetzte Züge an, denn Großmutter wurde besorgt und fragte erschrocken: „Kind, was ist dir? – So rede doch!"

Aber ich gab keine Antwort. Statt dessen lief ich aus dem Zimmer, rannte die Treppe hinauf, packte meine Sachen, bestellte ein Taxi und verließ das Haus.

* * *

In diesem Augenblick fuhr ein kräftiger Windstoß gegen die Scheiben der Fensternische. Frau Esther sah auf und stellte fest, daß es draußen völlig dunkel geworden war. Dann glitt ihr Blick zur Straßenlaterne, die von einem wilden Flockenwirbel umgeben wurde.

Sie legte den Kugelschreiber aus der Hand, fuhr sich über Stirn und Augen. Über dem Schreiben hatte sie das Wetter ganz vergessen.

„Das ist auch gut so", dachte sie, während sie sich im Stuhl zurücklehnte, „sonst hätte ich mich nur aufgeregt."

Sie beschloß, für heute mit dem Schreiben aufzuhören und zu Bett zu gehen. Sie stand vom Schreibtisch auf, ging zum Heizkörper und drehte ihn zurück. Währenddessen kam ihr der Gedanke, ihrem Mann noch schnell eine „Gute Nacht" zu wünschen. Sie schritt zum Telefon, hob den Hörer ab und wählte.

Nach kurzem Knacken und Tuten meldete sich am

anderen Ende der Leitung ihr Mann. Aus dem geplanten kurzen Gute-Nacht-Gruß wurde allerdings ein längeres Gespräch. Frau Esther erzählte im Verlauf, daß es heftig schneie und zu befürchten sei, daß die Talzufahrt wohl bald geschlossen werde.

„Weißt du was", überlegte ihr Mann, „dann komme ich früher zu dir. Das läßt sich gut einrichten, weil morgen Freitag ist. Ich werde nur bis Mittag Dienst tun und den Laden dicht machen. Daß wir am Wochenende getrennt sind, möchte ich auf keinen Fall. Also dann bis morgen – im Laufe des Spätnachmittags werde ich bei dir sein."

Frau Esther legte den Hörer auf und ging zu Bett. Sie hörte den Wind um das Haus heulen und fühlte sich so richtig geborgen in den Federn.

Als sie am nächsten Morgen erwachte, hatte es aufgehört zu schneien. Aber die tiefhängenden grauen Wolken und der Wind zeugten davon, daß bald wieder ein Schneesturm losbrechen würde.

Frau Esther stieg aus dem Bett, machte sich im Bad zurecht, trank gemütlich ihren Morgenkaffee. Nach ihrer Morgenandacht nahm sie wieder am Schreibtisch in der Fensternische des Wohnzimmers Platz, um an ihrem Lebensbericht weiter zu schreiben.

Nach einigem Nachdenken begann der Kugelschreiber wieder über das Papier zu gleiten:

* * *

Ich ließ mich zum Bahnhof bringen in der festen Absicht, die Heimreise anzutreten. Doch als ich am Fahrkartenschalter stand und einige Zeit warten mußte, sagte ich mir:

„Wenn du jetzt so überraschend nach Hause kommst, wird ein Meer von Fragen über dich hereinbrechen. Du wirst dich rechtfertigen und verteidigen müssen."

Das aber wollte ich nicht. Ich wollte meine Ruhe haben, sonst nichts. Ja, ich brauchte nichts als Ruhe, um mit mir klarzukommen. Als ich an der Reihe war, verlangte ich eine Fahrkarte nach Oberstdorf. Ich wollte zu meinem Berghaus. In der Abgeschiedenheit hoffte ich all das zu finden, was ich im Augenblick nötig hatte.

Zunächst schien meine Überlegung aufzugehen. Ich fand Zeit und Stille, um zu beten und meine Gedanken zu ordnen. Ja, ich bekam wieder Boden unter die Füße. Nach etwa einer Woche nahm ich auch die Umgebung um mich herum wieder bewußter wahr. Eine zaghafte Freude an der herrlichen herbstbunten Bergwelt begann sich in mir zu regen.

Doch wenige Tage später brach alles wieder auf. Ein unheimliches Gefühl der Leere und Verlassenheit kam über mich. Ich fühlte mich in meinem Berghaus wie eine Gefangene, wie ein Vogel im Käfig. Ich sehnte mich nach Gemeinschaft, nach einem Menschen, mit dem ich reden konnte, der mich verstand. Aber wo und wie sollte ich hier einen solchen finden? Ich wußte es nicht...

Eines Nachts, als ich wieder schlaflos in meinem Bett lag und zu Gott um Hilfe schrie, kam mir plötzlich der Gedanke: „Du könntest mal bei Tante Ria anfragen. Vielleicht wäre es ihr möglich, für zwei Wochen hierher auf Urlaub zu kommen."

Am nächsten Morgen stand ich früh auf, setzte mich an den Schreibtisch und schrieb Tante Ria einen Brief. Dann folgten Tage bangen Wartens. Etwa eine Woche später brachte mir der Briefträger die Antwort.

Tante Ria ließ mich wissen, daß sie nicht nur für zwei Wochen zu mir kommen könne, sondern auf unbestimmte Zeit, solange ich es wünsche. Sie war vor kurzem in den Ruhestand gegangen, und konnte nun diese Freiheit nutzen.

Mein Herz jubelte. Ich war überzeugt, daß es mit mir aufwärts gehen würde, wenn Tante Ria erst mal da war. Da sie ihre Telefonnummer angegeben hatte, rief ich sie sofort an.

Wir kamen überein, daß sie schon am übernächsten Tag anreisen sollte, und ich begann, ein Zimmer für sie herzurichten. Ich wählte das linke Flurzimmer, das mir für sie am geeignetsten erschien. Beim Aufräumen stieß ich in einer Schublade auf einen Umschlag. Ich sah hinein und stellte fest, daß er einen Brief enthielt, den meine verstorbene Tante Annette geschrieben hatte, die ehemalige Eigentümerin des kleinen Berghauses. An wen der Brief gerichtet war, konnte ich nicht ergründen, begann aber trotzdem zu lesen:

„Mein liebes Kind! Du wächst immer mehr heran, und es wird auch für Dich der Tag kommen, wo Dir ein junger Mann begegnet, den Du ins Herz schließen wirst. Für diesen Fall möchte ich Dir aus meiner Erfahrung heraus einige Ratschläge geben, damit Dir solche Not wie mir erspart bleibt:

Es ist nicht so, wie manche meinen, daß ich bei Männern keine Chance gehabt hätte. Ich hatte in meiner Jugend auch einen Freund, einen sehr lieben sogar, und wir versprachen uns die Ehe. Ich lebte nur noch für ihn. Er war der Dreh- und Angelpunkt meines Lebens. Doch dann verunglückte er tödlich, und ich sah im Leben keinen Sinn mehr. Das, worauf ich gebaut hatte, war mir genommen worden.

Dann folgte eine schlimme Zeit für mich, voller Trost– und Sinnlosigkeit. Als es am bedenklichsten um mich stand, traf ich mit Menschen zusammen, die mich zum Herrn Jesus führten. Da ging mir etwas Entscheidendes auf: Wer nur seinen Freund oder seine Freundin hat, der hat zu wenig im Leben. Denn Freund und Freundin, das sind zwar schöne, aber vergängliche Erfahrungen, die einem jeden Augenblick genommen werden können. Wer aber den Herrn Jesus hat und Ihn an die erste Stelle in seinem Leben setzt, der hat alles, der wird nie allein sein, nie in totale Hoffnungslosigkeit fallen. Er wird es deshalb nicht, weil der Herr Jesus ihm nicht mehr genommen werden kann. Er ist gestorben, und Er ist auferstanden. Er ist der Ewige ..."

Hier brach der Brief ab. Ich sann den ganzen Tag über seinen Inhalt nach und stellte mir die Frage: „Warum mußtest du ihn gerade jetzt finden?" – Eine klare Antwort darauf fand ich nicht.

Als Tante Ria eintraf, legte ich ihr den Brief mit meiner Frage vor. Sie las die Zeilen sehr nachdenklich und meinte: „Ich sehe darin einen Hinweis. Du sollst durch ihn auf etwas aufmerksam gemacht werden, obwohl die Sache bei dir etwas anders liegt als bei deiner Tante."

Ich nickte, weil ich auch schon so ähnlich gedacht hatte. „Aber worauf soll ich hingewiesen werden?" forschte ich. „Im Gegensatz zu meiner Tante habe ich den Herrn Jesus doch schon angenommen, das weißt du doch!"

Tante Ria nickte und gab zu bedenken: „Dennoch bist du in Hoffnungslosigkeit gefallen."

„Ja", gab ich zu. „Kann denn der Herr Jesus auch mir solchen Halt geben, wie meine Tante schreibt?"

„Das kann Er, davon bin ich überzeugt, das habe ich selbst erfahren", entgegnete Tante Ria. „Aber Er kann es nur, wenn Er die erste Stelle im Leben einnehmen darf. Das steht ja auch im Brief deiner Tante. Und an diesem Punkt, so denke ich, ist der Brief eine Anfrage an dich, ein Hinweis."

An diesem Tag wollte ich es nicht wahrhaben und setzte mich zur Wehr. Tante Ria wurde deshalb nicht ungehalten. Sie hatte viel Geduld. An den folgenden Tagen führte sie mich immer wieder in die herrliche Natur der

Bergwelt. Und bei jeder sich bietenden Gelegenheit versuchte sie mir die Wunder der Schöpfung und das Erlösungswerk von Golgatha zu erläutern. Sie tat das in einer feinen, einleuchtenden Art.

Als wir wieder auf den Brief meiner Tante zu sprechen kamen, gab ich zu: „Ja, mir ist inzwischen klar geworden, daß der Herr Jesus nicht mehr an der ersten Stelle in meinem Leben steht. Siegfried ist mir wesentlich wichtiger."

„Das muß ja nicht so bleiben", wandte Tante Ria ein. „Du hast die Möglichkeit, die Sache wieder ins Lot zu bringen. Und wenn du für den Herrn tätig wirst, wird es auch wieder Licht um dich werden!"

Erstaunt schaute ich sie an und fragte: „Was soll ich denn hier für den Herrn tun können?"

Tante Ria meinte: „In dieser Gegend wird es wohl auch Kranke und Notleidende geben. Wenn du sie besuchst und sie auf den hinweist, der die Sünder erretten möchte, tust du einen solchen Dienst. Das ist keine Erfindung von mir, sondern unser Herr hat selbst gesagt: Insofern ihr es einem der geringsten dieser meiner Brüder getan habt, habt ihr es mir getan."

Sofort erinnerte ich mich an das, was Großmutter in München tat, und dachte: „Warum solltest du hier nicht etwas Ähnliches in Angriff nehmen! Darauf hättest du auch selbst kommen können."

Zu Tante Ria sagte ich: „Das ist ein guter Vorschlag. Ich werde gleich morgen losgehen. Ich kenne nämlich ein Mädchen, das durch einen Unfall schon seit längerem gelähmt ist."

„Das ist schön! Geh nur!" freute sich Tante Ria.

Wie versprochen, machte ich mich schon am nächsten Vormittag auf den Weg. Als ich dem Mädchen im Rollstuhl gegenüberstand kamen mir die Worte nur noch zögernd über die Lippen. Das Mädchen, mit dem ich seither noch keinen Kontakt hatte, wußte auch nichts mit mir anzufangen und wirkte ebenfalls unsicher. Einen Augenblick lang hatte ich Hemmungen, mit dem wahren Grund meines Besuchs herauszurücken. Doch dann versuchte ich, wenn auch stockend, mein Anliegen zu erklären.

Das Mädchen verstand sofort, und ich mußte gar nicht alles erzählen, was ich mir vorgenommen hatte. Mitten in mein Erklären hinein sagte es erfreut: „Ich habe mir schon immer eine Freundin gewünscht."

So kam schließlich ein reges Gespräch zwischen uns auf, und ich erfuhr, daß das Mädchen im Glauben stand und sein Geschick aus der Hand des Herrn nehmen konnte. Als ich mich verabschiedete, hatte ich den Eindruck, daß ich selbst mehr getröstet wurde, als ich trösten konnte.

In der Folgezeit besuchte ich das Mädchen zunächst wöchentlich. Dann, auf seinen Wunsch hin, jeden zweiten Tag. Und schließlich erfuhr ich, was Tante Ria angekündigt hatte, daß es wieder Licht um mich wurde. Ich konnte nun besser ertragen, daß Siegfried in die Mission gehen wollte und wohl nicht um meine Hand anhielt ...

* * *

Frau Esther sah von ihrer Schreibarbeit auf. Ein Blick nach draußen zeigte ihr, daß der erwartete Schneesturm tatsächlich gekommen war. Sie mußte an ihren Mann denken und war froh darüber, daß er schon heute anreisen wollte. Auch wenn es bis zum späten Nachmittag so weiterschneien sollte, würde die Zufahrt noch möglich sein. Dieser Gedanke tröstete sie.

* * *

Einige Wochen später, als es bei uns im Gebirgstal schon kalt geworden war und zu schneien begann, erhielt ich einen Brief aus München. An der Schrift erkannte ich, daß er von Großmutter stammte. Hastig und mit zitternden Händen öffnete ich den Umschlag. Ich war gespannt, was sie mir mitzuteilen hatte. Als ich das Blatt in den Händen hielt, las ich:

„Liebe Esther! Großvater und ich würden gerne unseren diesjährigen Winterurlaub bei Dir in dem kleinen Berghaus verbringen. Vorausgesetzt, Du hast nichts dagegen. Bitte gib uns bald Bescheid. Wenn es nicht möglich ist, müßten wir neu planen. Wir würden uns aber freuen, wenn wir den Urlaub bei Dir verbringen könnten, und grüßen Dich herzlich, Deine Großeltern."

Dieser Plan gefiel mir gut. Ich konnte sofort ja dazu sagen. Nur, wo sollte ich die Großeltern unterbringen! In meinem kleinen Berghaus schien das fast unmöglich zu sein. Ich lief mit dem Brief zu Tante Ria und beriet mit ihr.

Sie hatte bald eine Lösung gefunden. „Weißt du was", sagte sie, als sei es die größte Selbstverständlichkeit, „ich überlasse deinen Großeltern mein Zimmer und ziehe hinauf unters Dach."

„Wenn du das tun willst", entgegnete ich zögernd, weil mir nicht wohl bei dem Gedanken war, daß sie in dem renovierungsbedürftigen Zimmer schlafen sollte, auch noch über zwei Wochen hin.

„Natürlich will ich das, sonst hätte ich es nicht angeboten", versicherte Tante Ria. „Deine Großeltern können wir auf keinen Fall in das Dachzimmer schicken. – Also schreib ihnen, daß sie kommen können."

Ich schrieb ihnen, und drei Wochen später trafen sie bei uns ein. Freudestrahlend lief ich nach draußen, um sie willkommen zu heißen. Als erster stieg Großvater aus dem Auto und rieb sich die steifgewordenen Glieder.

„Kind, Kind", meinte er, „das war eine Fahrt. Der Schnee hat uns arg zu schaffen gemacht."

Dann stieg Großmutter aus und schaute mich mit ihren lieben Mutteraugen an. Da konnte ich nicht anders, ich fiel ihr um den Hals und küßte sie.

„Kind, Kind“, rief Großvater scherzend, „erdrücke mir mein kleines Frauchen nicht. Übrigens, du darfst dich auch nicht verausgaben, du hast noch jemand zu begrüßen!“

Langsam ließ ich die Großmutter los und sah mich aufmerksam um. Als mein Blick das Auto streifte, erstarrte ich fast. Ich mußte zweimal hinsehen, um sicher zu sein, daß ich mich nicht getäuscht hatte. – Auf dem Rücksitz saß Siegfried! Als er merkte, daß ich ihn entdeckt hatte, stieg auch er aus dem Wagen. Wir reichten uns verlegen die Hände und schwiegen uns an, während die Großeltern lächelten.

Siegfried fing sich zuerst und fragte: „Darf ich auch um einen Winterurlaub bei dir bitten?“

Ich war zu keinem Wort fähig und nickte nur. Dann fragte ich: „Aber, ich dachte, du wärst schon längst in Afrika?“

„Wie du siehst, ist das nicht der Fall“, entgegnete er. „Die Mission scheint nicht mein Weg zu sein, zumindest nicht die äußere Mission. Bei den erforderlichen Untersuchungen stellte sich heraus, daß ich für das Klima nicht tauglich bin.“

Er lächelte, und wir wußten uns fürs erste nichts weiter zu sagen, obwohl unsere Herzen übervoll waren.

Nachdem wir das Haus betreten hatten, nahm mich Tante Ria beiseite und fragte: „Wo bringen wir nun Siegfried unter?“

Ich überlegte kurz und erklärte: „Er kommt in mein Zimmer, und ich zu dir unters Dach. Ich kann für die beiden Wochen auf der Couch schlafen.“

So geschah es auch, und wir verlebten trotz der beengten Verhältnisse sehr schöne Tage.

Während eines gemeinsamen Spazierganges bat mich Siegfried, mit ihm ein Stück hinter den anderen zurückzubleiben. Nach einem längeren Gespräch, in dem jeder von uns erzählte, wie er zum Glauben an den Herrn Jesus gefunden hatte, fragte er mich: „Willst du meine Frau werden?" – Er legte eine Pause ein, dann fügte er hinzu: „Dein Ja wäre das schönste Geschenk für mich."
Wir blieben stehen, sahen uns in die Augen und wußten um unsere Liebe zueinander. Leise sagte Siegfried: „Laß uns zusammen beten." Wir gingen etwas tiefer in den Wald und knieten an einem umgestürzten Baumstamm nieder. Inständig bat Er den Herrn völlig Klarheit zu geben. Ich erzählte ihm nun vom meinem Kampf bevor ich Gernot die Absage gegeben hatte. So wollte ich auch diesmal noch etwas Zeit haben, um mir vollkommen sicher zu werden. Als wir zwei Tage später wieder zusammen unterwegs waren flüsterte, ich ihm mein Ja zu, schlang die Arme um seinen Hals und küßte ihn.

Als wir schließlich Hand in Hand mein kleines Berghaus betraten, brauchten wir nicht viele Worte zu machen. Ich glaube man sah uns an, daß wir von jetzt an zusammen gehörten. Daß der Herr unsere Wege zueinander geführt, unsere Herzen miteinander verknüpft hatte, war ein besonderes Erlebnis. Die Eltern und Tante Ria schienen zunächst überrascht, aber unsere Freude sprang schnell zu ihnen über. Wir verlebten einen unvergeßlichen Tag.

Nach etwas mehr als einem Jahr feierten Siegfried und ich, im Kreis unserer Lieben, in meinem kleinen Berghaus unsere Hochzeit.

* * *

„So, das war es", sagte Frau Esther, legte den Kugelschreiber aus der Hand, lehnte sich auf dem Stuhl zurück und war glücklich, diese Niederschrift beendet zu haben.

Wohlgeordnet legte sie die beschriebenen Blätter in den Schreibtisch und dachte an Siegfried. Bald mußte er von seiner Arztpraxis, wo er bis heute mittag Dienst getan hatte, bei ihr eintreffen.

„Er ist zwar nicht nach Afrika gegangen“, mußte Frau Esther denken, „aber ein Missionar ist er doch geworden. Er missioniert zu Hause an den unzähligen Krankenbetten, weil er seinen Beruf auch als eine Berufung Gottes, als einen Dienst am Evangelium versteht.“

Esther freute sich, daß er sie in seine Arbeit mit einbezog. Ja, sie hat es bis auf den heutigen Tag nicht bereut, seine Frau geworden zu sein.

In diesem Augenblick ertönte die Hupe vor dem Haus. Siegfried war angekommen. Sie lief hinaus und begrüßte ihn.

*„Wirf dein Brot hin auf die Fläche der Wasser, denn nach vielen Tagen wirst du es finden.“*

*Prediger 11,1*

# Um Mitternacht

Im obersten Stockwerk eines fünfstöckigen Hauses bewohnte Frau Tichie eine kleine Wohnung. Dort war nicht viel Platz, aber er reichte für sie. Sie war ja allein. Ihr Mann war verstorben und Eberhard, ihr einziges Kind, bei einem Verkehrsunfall ums Leben gekommen. Besuch hatte sie keinen mehr zu erwarten. Seit dem Tod ihrer Eltern und Schwiegereltern war es still, sehr still, um sie geworden. Niemand kümmerte sich mehr um sie. Das schmerzte Frau Tichie oft sehr. Es war schwer zu wissen, daß sie allen gleichgültig war.

Neben und unter ihr im Haus wohnten Menschen genug, die Hände zu drücken hatten, aber sie drückten sie anderen, nicht ihr. Da waren Herzen genug, die warm und lebendig schlugen, aber sie schlugen nicht für sie.

Nur hin und wieder ein freundliches Wort wäre schon eine große Hilfe gewesen, doch man war mit sich selbst beschäftigt und für ihre Not blind.

Ihr, die ständig überlegte, wie sie dem lästigen Alleinsein ein Ende bereiten könnte, kam eines Tages die Idee, das schönste ihrer Zimmer an eine alleinstehende weibliche Person zu vermieten.

Glücklich über diesen Gedanken, machte sie sich gleich auf den Weg zu der Geschäftsstelle einer Zeitung und gab eine entsprechende Anzeige auf.

Frau Tichie brauchte nicht lange auf eine Interessentin zu warten. Wenige Stunden nach Erscheinen der Anzeige meldet sich eine blasse, schmächtige junge Dame, die sich als Fräulein Martina Nopski vorstellte und das Zimmer zu besichtigen wünschte. Da es ihr gefiel, mietete sie es. Doch Frau Tichie, die hoffte, nun einen Menschen gefunden zu haben, dem sie nicht gleichgültig sein würde, sollte sich getäuscht haben. Fräulein Nopski kümmerte sich ebensowenig um sie wie alle anderen.

Diese Tatsache brachte Frau Tichie an den Rand der Verzweiflung. Sie, die nie gegen Gott aufbegehrt hatte, begann jetzt mit Ihm zu rechten.

„Weshalb“, so fragte sie, „wurde mir der Mann und mein einziges Kind genommen, und warum wird mir jetzt kein Mensch geschickt, dem ich nicht gleichgültig bin, obwohl ich doch aufrichtig darum bete? – Wenn Gott mich, Sein Kind, liebt, warum läßt Er mich dann soviel leiden? – Warum? – Warum?“

Mit jeder Frage wurde Frau Tichies Not größer, und sie hatte viele Fragen in dieser Zeit. Schließlich erschien ihr das Leben sinn- und zwecklos. Sie aß fast nichts mehr und sank eines Tages völlig erschöpft und tief seufzend ins Bett: „Ach, wenn ich doch einschlafen und nie mehr erwachen würde.“

Doch sie erwachte wieder. Als sie die Augen aufschlug, war es stockfinster. Mechanisch streckte sie die Hand zur Nachttischlampe und machte Licht. Ihr Blick streifte die Uhr. Beide Zeiger standen auf Zwölf. Als sie das Licht wieder gelöscht hatte, begannen die quälenden Fragen „Warum? Weshalb? Wieso?" von neuem.

Da – plötzlich fuhr Frau Tichie erschrocken hoch – öffnete nicht jemand die Korridortür? Tatsächlich! Frau Tichie hörte ganz deutlich den knarrenden Laut und das Gerassel des Schlüsselbundes.

„Ach so, Fräulein Nopski", nickte sie, als sie leise Schritte in das Nebenzimmer gehen hörte. Es erschien ihr zwar höchst sonderbar, daß das junge Mädchen oft so spät nach Hause kam, aber sie beschäftigte sich nicht weiter damit. Ihre Gedanken bewegten sich wieder im alten Geleise.

Als Frau Tichie in die Kissen zurücksank, streckte sie die Arme aus und krampfte die Hände zusammen wie ein Ertrinkender, der sich mit letzter Kraft verzweifelt an irgend etwas festzuklammern sucht.

„Ach Herr", flehte sie, „mach doch meiner Not ein Ende." Und dann betete sie mit lauter Stimme: „Vater unser im Himmel... Dein Wille geschehe..."

Martina, die sich gerade für die Nacht umkleidete, hielt inne, als sie Frau Tichie nebenan sprechen hörte. „Nanu, hat die alte Dame nächtlichen Besuch?" lächelte sie und preßte neugierig den Kopf an die Wand. Zuerst konnte sie nichts verstehen. Dann aber hörte sie die Worte: „... sondern erlöse uns von dem Bösen. Denn dein ist das Reich und die Kraft und die Herrlichkeit in Ewigkeit. Amen."

Martina richtete sich auf und lehnte sich, beschämt über ihre Gedanken, mit dem Rücken gegen die Wand. Daß es noch Menschen gab, die an Gott glaubten und mit Ihm sprachen, so wie es einst ihre Mutter getan hatte, das hätte sie nicht gedacht.

Ihre Gedanken gingen auf einmal durch all die verflossenen Jahre zurück, und wieder ein Kind, sah sie sich mit gefalteten Händen im Bett liegen. Andächtig und ehrfurchtsvoll wiederholte sie die Worte des Vaterunsers, das ihr die Mutter langsam und leise vorgesprochen hatte. Dann sah sie sich am Bett ihrer sterbenden Mutter sitzen, die mit letzter Kraft die Worte hauchte: „Martina, wenn ich dorthin gehe, wo schon dein Vater ist, und du allein hier bleibst, dann mach uns keine Schande. Übergib dein Leben – wie wir es getan haben – dem Herrn Jesus."

„Ja, Mutter, das will ich tun", hatte sie mit tränenerstickter Stimme versichert.

Nein, das sollte kein leeres Versprechen bleiben. Es war ihr wirklich ernst damit gewesen. Und tatsächlich wandte sie sich zu dem Herrn Jesus, um Ihn als Erretter und Herrn in ihr Leben aufzunehmen.

Aber sie stand allein. Zu anderen Christen hatte sie keinen Kontakt. So kam es, daß sie nach einiger Zeit durch Arbeitskollegen in eine Gesellschaft geriet, die alles verlachte, was ihren Eltern hoch und heilig gewesen war, während Zügellosigkeit als Glück angepriesen wurde. Anfangs hatte sich Martina dagegen gewehrt. Ihr schlug das Gewissen. Doch die Freundinnen verstanden es, ihre Bedenken mit wohlklingenden Worten zu zerstreuen, und sie hatte sich schließlich dem tugendlosen Treiben hingegeben. Ja, sie hatte auf einmal selbst gemeint, ihre Mutter hätte ihr die Freuden des Lebens vorenthalten wollen. Und so war sie immer tiefer in den Schmutz gerutscht und ständiger Gast in zweifelhaften Lokalen geworden. Dabei war sie sich noch als anständiger und fortschrittlicher Mensch vorgekommen.

Doch jetzt, wo sie Frau Tichie hatte beten hören, so wie einst ihre Mutter: „... erlöse uns von dem Bösen ...", nein, jetzt fühlte sie sich nicht mehr wohl. Sie ließ sich auf ihr Bett fallen.

„Was würde Mutter sagen, wenn sie mich jetzt sehen würde?“ fragte sie sich und begann zu weinen, wie nur der weinen kann, der plötzlich in die Untiefe seiner Sünden blickt.

Gern hätte Martina die Zeit zurückgedreht und alles ungeschehen gemacht, aber das ging nicht. Alles, was sie in den letzten Jahren getan und unterlassen hatte, lag wie eine schwere Last auf ihr.

Auf einmal erkannte sie, daß ihre Freuden nichts mit wahrer Freude zu tun hatten. Mußte echte Freude nicht froh, frei und innerlich stark machen, so wie es ihre Mutter gewesen war? – Sie, Martina Nopski, war das aber nicht. Wenn sie ganz ehrlich war, dann mußte sie zugeben: Meine Vergnügungen sind wie ein Rausch, aber hinterlassen einen bitteren Nachgeschmack und – sie haben mich zur Sklavin gemacht. Ständig mußte sie ja etwas tun, ganz gleich was es war, um diesen Nachgeschmack, die innere Unruhe, zu verdrängen und die Stimme des Gewissens zu übertönen.

Voller Unruhe wälzte sich Martina auf dem Bett hin und her. Sie wußte nicht, wem sie mehr zürnen sollte, ihren Freundinnen, durch die sie vom rechten Weg abgekommen war, oder Frau Tichie, deren Gebet ihr die Augen geöffnet hatte. Das eine jedoch wußte Martina genau, jetzt konnte sie sich in ihrer altenUmgebung nicht mehr wohlfühlen. Aber wie sollte es weitergehen? –

Mußte sie nicht befürchten, daß sie auf einmal allein dastehen würde, wenn sie die bisherigen Verbindungen abbrach? – Wer wollte denn mit ihr, die in so zweifelhafter Gesellschaft verkehrt hatte, noch etwas zu tun haben? –

Sie brauchte eine Stütze, einen Menschen, der ihr aufhalf. Gerade jetzt. Sie fühlte deutlich, daß ihr sonst der Schritt aus ihren Bindungen heraus nicht gelingen würde. Doch wo und wie sollte sie einen solchen Menschen finden? – Ihre

Gedanken gingen plötzlich über die Menschen hinaus zu Gott hin, der allein helfen und aus allen Bindungen befreien kann.

Zum erstenmal seit langer Zeit faltete Martina wieder die Hände und versuchte zu beten. Aber es gelang nicht, obwohl sie sich so ernst bemühte. Eine gähnende Leere war in ihr, vor der sie plötzlich Angst bekam, und mit einem Satz sprang sie aus dem Bett und begann im Zimmer auf und ab zu gehen. In nichts konnte sie mehr einen Sinn erblicken. Alles erschien ihr fad und öde. Was sie aber noch mehr belastete, war, daß sie keinen Ausweg sah. Es war der Teufel, der alte Feind Gottes und der Menschen, der ihr dieses trübe Bild vor Augen malte und sie am Gebet hindern wollte, um sie unter seinem Einfluß zu halten. Schließlich weckte er in ihr den abtrünnigsten Gedanken, der in einem Menschenherz aufkommen kann – ihrem Leben ein Ende zu bereiten.

Der nicht leise Bums, mit dem Martina aus dem Bett sprang, hatte Frau Tichie aufhorchen lassen. Angestrengt lauschte sie den unruhigen Schritten aus dem Nebenzimmer, und sie fragte sich, was wohl die junge Dame um ihren Schlaf bringe.

„Ach“, meinte sie, sich an ihre eigene Jugend erinnernd, „als junger Mensch macht man sich oft Sorgen um Dinge, die es gegenüber dem, was man später auferlegt bekommt, gar nicht wert sind.“

Und wieder waren die Gedanken auf dem alten Geleise. Erst als sie aus dem Nebenzimmer einen stöhnenden Laut vernahm, horchte sie besorgt auf. Im Nu waren alle klagenden und anklagenden Stimmen in ihr verstummt, und es zog sie zu dem Mädchen.

„Wenn sie sich auch nicht um mich kümmert, will ich trotzdem nicht gleichgültig an ihr vorübergehen, damit ich nicht auch schuldig werde“, sagte sich Frau Tichie.

Gerade als sie Martinas Zimmer betrat, warf sich das Mädchen auf ihr Bett und begann heftig zu weinen. Auf alle Fragen, die Frau Tichie stellte, gab Martina die gleiche Antwort: „Ich kann nicht mehr. Es ist alles zwecklos. Ich bin ein furchtbar schlechter Mensch."

„Das nehme ich Ihnen nicht ab", entgegnete Frau Tichie schließlich. „Schlechte Menschen versuchen unter allen Umständen, ihre Unschuld zu beteuern."

Martina horchte auf. Mit einer solchen Antwort hatte sie nicht gerechnet. Sie schöpfte neue Hoffnung und war bereit, dieser Frau alles zu erzählen. Doch gleichzeitig flüsterte in ihr eine Stimme: Das darfst du nicht tun. Damit verscherzt du dir alles. So freundlich wie Frau Tichie jetzt zu dir ist, so sehr wird sie dich verachten, wenn sie erfährt, was du für eine bist. Sie kündigt dir das Zimmer, und du sitzt wieder auf der Straße. Du mußt dir ihre Gunst erhalten. Erzähl ihr etwas, ganz gleich, was es ist. Nur die Wahrheit sag nicht.

Aber dann war wieder etwas da, was sich dagegen sträubte, Frau Tichie zu belügen, die wie eine Mutter zu ihr war. Nein, sie konnte mit ihr nicht verfahren wie mit so vielen Menschen in der Vergangenheit.

Doch ihr verpfuschtes Leben, dessen sie sich jetzt schämte, vor einem anderen Menschen auszubreiten, fiel ihr sehr schwer.

Frau Tichie merkte, daß das Mädchen hart mit sich rang. Und ihr, die selbst nach Trost und Hilfe verlangte, wurde auf einmal die Kraft geschenkt, als Helferin aufzutreten. Ihre Worte waren durchdrungen von einem tiefen Mitgefühl und der Liebe, die ihren Ursprung in Jesus Christus hat. Und diese Liebe war es, die schließlich den Bann des Schweigens bei Martina brach.

Zuerst stockend, dann immer freier werdend, erzählte sie von dem Versprechen, das sie ihrer Mutter am

Sterbebett gegeben hatte, von ihrem Abgleiten in die schlechte Gesellschaft und schließlich dem Lauschen an der Wand und der dadurch hervorgerufenen Unruhe ihres Herzens.

Als Martina geendet hatte, erhob sich Frau Tichie und sagte mit bewegten Worten: „Ach wie klein, wie dumm, wie ungläubig sind wir. Während wir krampfhaft nach einem Ausweg aus unserer Not suchen und verzweifeln wollen, weil wir keinen sehen, hat Gott in Seiner Weisheit und Güte schon längst einen Weg für uns erdacht. Ja Er hat uns schon an der Hand gefaßt und führt uns dem Ziel entgegen. Man braucht sich nur führen zu lassen. – Jetzt erst verstehe ich den tiefen Sinn der Worte des Propheten Jesaja, die ich neulich las: Siehe, zum Heil wurde mir bitteres Leid: Du, du zogest liebevoll meine Seele aus der Vernichtung Grube; denn alle meine Sünden hast du hinter deinen Rücken geworfen."

Martina schüttelte den Kopf. Für sie war das zu verwirrend. „Ich verstehe nicht, was Sie reden", sagte sie.

„Das glaube ich gern", entgegnete Frau Tichie, und in ihren Augen spiegelte sich eine tiefe Freude. „Damit Sie das besser verstehen können, will ich Ihnen meine Geschichte erzählen..."

Sie sprach von der Einsamkeit, von ihrem Wunsch, einen Menschen zu finden, dem sie nicht gleichgültig war. Sie erzählte auch von ihren Anfechtungen, weil nichts auf die Erfüllung dieses Wunsches hingewiesen habe.

„Um Mitternacht", so schloß Frau Tichie ihre Erzählung, „als ich mit meiner Weisheit am Ende war, da begann Gott die große Wende herbeizuführen, indem Er Sie an der Wand lauschen ließ und Ihr Gewissen wachrüttelte."

„Das ist wirklich sonderbar", nickte Martina versonnen.

„Nein", entgegnete Frau Tichie, „das ist nicht sonderbar, sondern wunderbar. Das ist Gottes unfaßbare Gnade. – Er hat mich an Ihre Seite gestellt als die Hilfe, die Sie brauchen. So ist es immer, wo Gott Menschen zusammenführt. Einer ist für den anderen da, und jeder macht sich schuldig, der sich dieser Pflicht entzieht. Mit Seiner Hilfe will ich versuchen, Ihnen eine zweite Mutter zu werden."

Martina war nicht fähig, ein Wort zu sagen. Sie sprang auf, schloß Frau Tichie in ihre Arme und küßte sie.

So wie es nur Mütter können, strich Frau Tichie dem Mädchen übers Haar, und Tränen der Freude und des Dankes rollten beiden über die Wangen.

Noch lange unterhielten sich die beiden Frauen. Frau Tichie sprach von dem großen Retter Jesus Christus, der aus Verzweiflung und Sündennot befreit. Martina faßte wieder Vertrauen zu dem Heiland und bekannte Ihm ihr ganzes Abgleiten, ihre jahrelange Untreue.

Schließlich sagte Martina: „Ich denke, Gott hat auch meine Sünden hinter Seinen Rücken geworfen."

Als sie sich wieder trennten, löschte Frau Tichie das Licht und öffnete die Fensterläden. In der Ferne ging die Sonne mit ihrer ganzen Pracht über dem grauen Häusermeer der Großstadt auf.

*„Durch die Liebe dienet einander."*

*Galater 5,13*

# Karin, wohin führt dein Weg?

„Jetzt mußt du aber aufpassen!“ sagte sich Karin und zwickte sich in den Arm. Schon zum zweitenmal war sie an diesem Morgen mit ihren Gedanken nicht bei der Arbeit gewesen und hatte mit der Steppmaschine eine schiefe Naht hingelegt. Wenn das so weiterging, vermurkste sie die ganze Decke und würde einen gewaltigen Rüffel bekommen. Wirklich, sie mußte jetzt ihre Gedanken zusammennehmen! Es ließ sich nun einmal nicht ändern, daß sie im Betrieb keinen Anschluß fand. Sie hatte eben das Pech, daß in diesem Jahr außer ihr kein Mädchen eingestellt worden war.

Nach einer Weile kreisten Karins Gedanken erneut um dieses Problem, und sie fand, daß Helga, Gerda, Luise und Erika gemein waren. Weshalb gaben sie sich nicht mit ihr ab? Darauf, daß sie ein Jahr älter waren, brauchten sie sich nichts einzubilden. Das war kein Grund, auf sie herabzusehen. So viel mehr als sie selbst leisteten sie ja gar nicht, wenn sie auch oft so taten. Mit etwas mehr Einsatz würde sie die vier bald eingeholt haben. In der Berufsschule, wo die Unter- und Mittelstufe zusammen unterrichtet wurden, war sie ihnen längst voraus. Wie oft hatten sie schon bei ihr abgeschrieben! Sie brachten nicht mal den kleinsten Aufsatz über einen Vorgang im Betrieb zusammen.

Karin steigerte sich immer weiter in Erregung und beschloß, den Mädchen nicht mehr zu helfen. Wenn sie im Betrieb nichts von ihr wissen wollten, dann wollte sie von ihnen in der Schule nichts wissen.

Diesen Entschluß setzte Karin schon am Morgen des nächsten Schultages in die Tat um. Im Gegensatz zu sonst hielt sie sich etwas abseits von den Klassenkameradinnen auf. Zunächst fiel das nicht weiter auf, da es sehr heiß war und die schattige Stelle vor der Schule von vielen Mädchen und Jungen aufgesucht wurde. Karin fand auch bald eine Gesprächspartnerin, mit der sie sich angeregt unterhielt. Trotzdem ließ sie Helga und ihre Freundinnen nicht aus dem Auge. So beobachtete sie, daß die Mädchen immer unruhiger wurden, je näher der Unterrichtsbeginn rückte. Immer wieder steckten sie ihre Köpfe zusammen und sahen fragend zu ihr herüber. Als sie einmal offensichtlich in die Richtung der vier blickte, winkte ihr Gerda. Karin tat jedoch so, als sehe sie es nicht. Sie dachte, wenn ihr etwas wollt, dann kommt doch zu mir, und wandte sich wieder der Nachbarin zu.

Kurze Zeit später sah sie, daß Gerda und Erika auf sie zukamen. Da ging sie den beiden einige Schritte entgegen.

„Was ist denn heute mit dir?“ fragte Gerda verärgert.

„Wieso? – Darf ich mich nicht in den Schatten stellen und mit anderen Mädchen reden?“ gab Karin zurück.

„Lassen wir das“, schaltete sich Erika ein. „Unterhalten wir uns über was Wichtigeres. Sollten wir für heute nicht einen Aufsatz über einen Steppvorgang schreiben, Karin?“

„Ja“, nickte diese.

„Siehst du, ich hab's ja gleich gesagt“, wandte sich Erika erregt an Gerda. „Ihr wolltet es aber besser wissen und bestandet darauf, daß uns die Steinacker nichts aufgegeben habe, weil wir fünf die einzigen Stepperinnen in der Mädchenklasse seien...“

„Komm, reg dich ab“, unterbrach Gerda. „Karin wird sicher was geschrieben haben...“

„Hab' ich, aber ich lass' euch diesmal nicht abschreiben.“

Betroffen sahen die beiden Karin an. Schließlich bettelte Gerda: „Komm, sei nicht unfair. Wo sollen wir denn so kurz vor dem Unterricht noch was herkriegen?“

„Das ist eure Sache.“

„Mensch, warum bist denn auf einmal so?“ wollte Erika wissen.

„Überlegt mal, vielleicht kommt ihr ja selbst drauf.“

„Ich wüßte nichts“, meinte Gerda nach kurzem Nachdenken, und auch Erika schüttelte den Kopf.

„So, für euch ist es normal, daß ich euch in der Schule helfe und ihr mich im Betrieb von oben herab anseht. Ich mache da nicht mehr mit! Damit ihr es nur wißt!“ erklärte Karin.

„Okay, darüber läßt sich reden“, versuchte Gerda einzulenken. „Laß uns doch heut noch mal...“

„Nein! Entweder gehör' ich zu euch, dann gilt das für die Schule wie für den Betrieb, oder ich gehör' nicht zu euch. Geteilt wird nicht!“ beharrte Karin auf ihrem Standpunkt.

Unsicher sahen sich die Mädchen eine Weile an, dann rückte Erika zögernd heraus: „Weißt du, ich – Gerda natürlich auch –, wir hätten nichts dagegen, dich in unsern Kreis aufzunehmen. Aber Helga – Helga mag das nicht. Ihr – ihr paßt deine Art nicht so recht. Du brauchst ihr aber nicht zu sagen, daß ich..."

„Ich sag' ihr nichts und gebe euch nichts. Laßt euch doch von Helga helfen", erklärte Karin und ging wieder zu dem anderen Mädchen.

Gerda und Erika blieben wie angewurzelt stehen. Mit einem Mal gesellten sich Helga und Luise zu ihnen. Es entstand ein lebhafter Wortwechsel. Was gesprochen wurde, verstand Karin nicht. Sie hörte nur so viel, daß sich die Auseinandersetzung um ihre Person drehte. Plötzlich rief Helga ihren Namen. Nach kurzem Zögern ging Karin zu den Mädchen.

„Du mußt entschuldigen, ich hab' nicht gewußt, daß du Wert auf unsere Gesellschaft legst", wurde sie von Helga empfangen. „Ich dacht', wir wären dir zu alt. An uns soll's nicht liegen. Du kannst ruhig zu uns kommen. Wir nehmen dich gern auf und sind dann überall für dich da."

Karin wiegte den Kopf und sah mißtrauisch von einer zur anderen.

„Das ist ein Wort! Da gibt's nichts zu zweifeln", versicherte Helga und meinte: „So, nun sind alle Unklarheiten beseitigt. Du kannst uns dein Wochenarbeitsheft beruhigt geben."

Widerspruchslos öffnete Karin ihre Tasche und zog das Heft hervor. Helga riß es ihr fast aus der Hand und verschwand mit ihren Freundinnen in der Pausenhalle, wo sich die vier eifrig ans Abschreiben machten. Sie waren so flink, daß sie es schafften, den Klassenraum noch pünktlich zu betreten.

* * *

In den nächsten Tagen war Karin glücklich. Sie meinte, nun alle Schwierigkeiten überwunden zu haben. Die

Mädchen standen zu ihrem Wort. Karin wurde von ihnen jetzt nicht nur im Betrieb beachtet, sondern an Wochenenden auch zum Baden und zu Spaziergängen eingeladen. Einige Male war sie von ihnen sogar zu Hause abgeholt worden, so wie heute, einem herrlichen Sonntagnachmittag. Frohgestimmt und scherzend schlenderten sie durch die Straßen, die nicht wie sonst mit Autos und Menschen vollgestopft waren.

Auf ihrem Bummel kamen die Mädchen zum Gemeindezentrum und blieben vor dem Schaukasten stehen. Plötzlich lachte Helga und zeigte auf einen Spruch: „Die Gesunden bedürfen des Arztes nicht, sondern die Kranken. Ich bin gekommen, zu rufen die Sünder zur Buße, und nicht die Gerechten."

Gerda, Luise und Erika stimmten gezwungen in Helgas Lachen ein.

„Was habt ihr denn?" Karin sah ihre Begleiterinnen erstaunt an.

„Wir freuen uns, daß hier die Wahrheit gesagt wird", versetzte Helga.

Karin begriff nicht und blickte etwas hilflos drein.

„Mensch, stell dich nicht so an! Hier wird deutlich gesagt, daß nur die Kranken zum Gottesdienst und so gehen", meinte Helga und tippte sich mit dem Finger an die Stirn.

„Du übersiehst den zweiten Satz", entgegnete Karin.

„Wieso? – Der ändert nichts am ersten", beharrte Helga auf ihrem Standpunkt. „Der macht die Sache noch schlimmer. Der sagt, was ich schon lange weiß: Wer ständig in die Gemeinde rennt, hat allen Grund dazu. Ich brauche nur an unsere Nachbarin zu denken. Was die alles auf dem Kerbholz hat – nicht zu beschreiben! Dann läuft sie in alle Gottesdienste und Bibelstunden. Wer nach dem Grundsatz lebt: Tue Recht und scheue niemand, braucht da nicht hinzugehen."

Gerda, Luise und Erika nickten zustimmend. In Karin stieg es heiß auf. Nein, hier konnte, hier durfte sie nicht schweigen. Ganz gleich, wie es von den Freundinnen aufgenommen wurde. Sie sah Helga an und sagte: „Ich kenn eure Nachbarin nicht. Ich kann mir kein Urteil über sie erlauben. Aber handelst du tatsächlich immer recht?"

Helga wollte aufbegehren. Karin fuhr jedoch unbeirrt weiter: „Wie war es denn neulich im Betrieb? Hat da nicht jemand einen günstigen Augenblick abgewartet und dann blitzschnell einen Stoffrest in die Tasche gesteckt?"

Helga lief rot an, während sie zischte: „Brauchst nicht so geheimnisvoll zu tun. Ich weiß schon, daß du mich meinst. Warum hätte ich den Fetzen nicht mitnehmen sollen? Eine Steppdecke hätte es nicht mehr gegeben. Mit Müh und Not kamen zwei Couchkissenbezüge heraus. Wenn's nichts Schlimmeres auf der Welt gibt – ha, zum Lachen!"

„Egal! Es war aber nicht in Ordnung", widersprach Karin. „Du weißt genau, daß der Betriebsleiter das Mitnehmen von Stoffresten verboten hat. Hättest ihn dir ja kaufen können. Mehr wie'n paar Pfennige hätte er nicht gekostet."

„Komm, blas dich nicht auf, als ob du 'ne Heilige wärst!" fauchte Helga zornig.

„Das hab' ich damit nicht behauptet. Ich wollt dir nur zeigen, daß wir alle oft Fehler machen, an der Sünde kranken und die heilende Vergebung Jesu zu unserer ewigen Errettung brauchen", erklärte Karin.

„Howgh, ich habe gesprochen. Hättest Missionarin werden sollen mit deinen geschwollenen Sprüchen", sagte Helga in verächtlichem Ton.

„Menschenskinder, jetzt macht aber Schluß! Ihr geht einem ja auf die Nerven. Erzählt lieber Witze, daß man was zu lachen hat", mischte sich Erika ein, in dem Bestreben, dem Streit ein Ende zu machen.

Dies geschah auch. Helga und Karin schwiegen. Die unbeschwerte fröhliche Stimmung von vorher kam aber nicht mehr auf, obwohl sich Gerda, Luise und Erika auf dem weiteren Spaziergang darum bemühten. Schließlich trennten sich die Fünf mit betrübten Gesichtern.

Als Karin ihrem Elternhaus entgegenging, stiegen widerstreitende Stimmen in ihr auf. Sie bangte darum, durch ihr Verhalten die gerade erst im Entstehen begriffene Freundschaft mit den Mädchen aufs Spiel gesetzt zu haben. Sie vermutete, daß Helga als Wortführerin die anderen drei dazu bringen würde, sich nicht mehr mit ihr, Karin, abzugeben. Doch, hätte sie allein deshalb schweigen dürfen? – Nein! Helgas Worte waren zu schwerwiegend. Ein Schweigen hierzu wäre eine Verleugnung des Herrn gewesen.

Trotzdem schmeckte ihr an diesem Abend das Essen nicht recht, und sie konnte dann lange nicht einschlafen.

* * *

Karins Befürchtungen erfüllten sich nicht. Erleichtert stellte sie am Montagmorgen im Betrieb fest, daß sie von Helga und ihren Freundinnen nicht gemieden wurde. Nach einigen Tagen fand sie, daß sich Helga jetzt sogar mehr mit ihr beschäftigte als zuvor. Auch andere Arbeiterinnen, die bisher kaum ein Wort mit ihr gewechselt hatten, sprachen sie plötzlich an.

Über das Interesse an ihrer Person konnte sich Karin allerdings nicht freuen. Gewiß, sie hatte Anschluß finden wollen, daß sie dabei aber in den Mittelpunkt gerückt war, gefiel ihr irgendwie nicht. Ihr war, als sei diese Beachtung nicht eine Würdigung ihrer Lebenshaltung, sondern vielmehr ein unheilbergendes Aushorchen.

Wie recht Karin mit dieser Vermutung hatte, zeigte sich einige Zeit später. Sie mußte auf einmal hören, daß man von ihr als der Himmelfahrts–Lilly sprach. Außerdem waren nun die meisten Gespräche darauf angelegt, sie lächerlich zu machen. Helga tat sich dabei in besonderer Weise hervor. Immer wieder ersann sie etwas Neues, um Karin einen Tiefschlag zu versetzen. Diese stellte sich bald darauf ein und verstand es, sich mit geschickten Worten tapfer zu verteidigen.

Eines der übelsten Spiele zogen Helga und ihre Freundinnen etwa sechs Wochen später auf. Karin merkte schon zu Beginn der Arbeit, daß etwas im Gange war. Helga tuschelte nämlich ständig mit Gerda, Luise und Erika und sah dabei immer wieder verstohlen zu ihr herüber. Bisher waren die vier nach solchem Gebaren stets über sie hergefallen, und ihr war klar, daß es diesmal nicht anders sein würde.

Als dann die Frühstückspause eingeläutet wurde, ging Karin in den Aufenthaltsraum. Sie wollte heute nicht mit den Mädchen zusammensein, die Anstalten machten, ihre Brote wie üblich in der Werkshalle zu verzehren. Doch kaum hatte sie in dem freundlichen Raum an einem Tisch Platz genommen, da ging die Tür auf, und herein kam Helga mit ihren Anhängerinnen. Kichernd ließen sie sich am Nachbartisch nieder.

Gespannt wartete Karin darauf, was geschehen würde. Doch man kümmerte sich nicht um sie. Zu ihrer Überraschung sah sie, daß Gerda, die ihre Brote als erste ausgepackt hatte, die Hände faltete und den Kopf andächtig neigte.

Helga machte ein erstauntes Gesicht, dann stieß sie der Freundin in die Seite: „Na, was ist mit dir? Wirst doch nicht einschlafen wollen!“

Gerda blickte mit ernster Miene auf und sagte empört: „Du bist ein ungehobeltes Stück! Läßt einen noch nicht mal in Ruhe danken!“

Karin wurde stutzig. War das echt oder eine neue Art der Herausforderung an sie...?

„Danken – wem willst du denn danken?" fragte Helga barsch.

„Gott natürlich", versetzte Gerda.

„Natürlich? – Du hast doch für dein Brot arbeiten müssen, also brauchst auch nicht zu danken", grinste Helga überlegen. „Was stellst du dir überhaupt unter Gott vor?"

Gerda überlegte. Dann warf sie mit Worten um sich, deren Sinn sie wahrscheinlich selbst nicht verstand, und begann schließlich zu lachen. In das Gelächter stimmten auch die anderen drei ein, und Karin wußte nun, daß alles ein abgesprochenes Spiel war.

„Ihr seid gemein!" stieß sie hervor.

„Wieso?" wollte Helga wissen, und an ihre Freundinnen gewandt, meinte sie: „Da seht ihr's, Undank ist der Welt Lohn. Sie begreift nicht, daß sie uns dankbar sein müßte. Sie sieht nicht ein, daß wir einen mündigen Menschen aus ihr machen wollen. Sie hält an dem alten Kram fest und meint, es wäre ein Unglück, wenn sie etwas Neues annehmen würde. Was soll man da machen? – Wir müssen halt mit zusehen, wie sich der liebe Herr Pastor und ihre frommen Eltern insgeheim über sie als Klein-Doofi mit Plüschohren lustig machen."

Karin gab es einen Stich im Herzen, aber sie konnte sich nicht mehr verteidigen. Die Pause war zu Ende.

* * *

Auf der großen Bleiche, einem ausgedehnten Rasenstück im Zentrum der Stadt, herrschte seit einigen Tagen reges Treiben. Wie im Sommer zuvor wurde hier ein Missionszelt aufgestellt. Die Einladungen zu den Veranstaltungen sollten von den jungen Gläubigen verteilt werden. Karin, eine der eifrigsten Verteilerinnen der letzten Jahre, hätte sich diesmal gern vor dem Verteilen der Einladungszettel gedrückt. Überhaupt, ihr machte die ganze Mitarbeit in der Jugendstunde irgendwie keinen rechten Spaß mehr. Woher das kam, wußte sie nicht.

Als am Samstagnachmittag der erste Einsatz gestartet wurde, stellte sich Karin mit ihren Einladungszetteln an der Ecke zur Katharinenstraße auf. Sie hatte diesen Platz gewählt, weil sie hier genügend Schutz vor der heiß scheinenden Sonne fand und die Straße nicht sehr belebt war. Trotzdem gab Karin nicht allen Passanten eine Einladung. Sie wagte nur solche Personen anzusprechen, von denen sie annahm, keinen Widerspruch zu erhalten. Und immer wieder sah sie unruhig die Straße hinauf und hinunter, als tue sie etwas Unrechtes, bei dem sie kein Bekannter erwischen dürfe.

Karin war es deshalb gar nicht recht, als sie von einem alten Mütterchen in ein Gespräch verwickelt wurde. Sie versuchte die Unterhaltung schnell zu beenden, doch die Frau gab sich mit allgemeinen Redewendungen nicht zufrieden und stellte ständig weitere Fragen. Je länger es dauerte, um so zappeliger wurde Karin. Ihr war, als nahe eine Gefahr und sie könne sich nicht rechtzeitig in Sicherheit bringen. Der Gedanke, in diese Gegend wird niemand Bekanntes kommen, vermochte sie nur wenig zu beruhigen.

Plötzlich hörte Karin das laute Geplapper einiger Mädchen. Irgendwie kamen ihr die Stimmen bekannt vor. Während sie noch überlegte, sah sie Helga und ihre Freundinnen um die nächste Hausecke kommen. Ohne Erklärung brach Karin das Gespräch mit der alten Frau ab und versuchte, in eine Seitenstraße zu flüchten. Doch es war zu spät. Sie war von den vieren bereits erkannt worden.

„Warum rennst du denn vor uns weg? Willst du nichts mehr mit uns zu tun haben?“ hörte sie Gerda rufen.

Daraufhin blieb sie stehen, lehnte sich gegen die Hauswand und versteckte die Einladungen hinter dem Rücken.

„Na, wer wird denn so unhöflich sein, eine alte Frau auf der Straße stehenlassen und vor seinen Freundinnen flüchten wollen!“ baute sich Helga kopfschüttelnd vor Karin auf.

„Ich wollt’ nicht weglaufen, mich nur in den Schatten stellen“, beeilte sich diese zu versichern.

Helga sah sie ungläubig an und fragte lauernd: „Was hast du denn hinter deinem Rücken?“

„I...ich? – N...nichts“, kam es zögernd über Karins Lippen, während sie rot anlief.

So, als wollte sie sich neben die Freundin stellen, machte Helga einige Schritte auf Karin zu und riß ihr den rechten Arm hinter dem Rücken hervor. Dabei flogen die Einladungszettel auf die Straße. Obwohl Karin die Zettel schnell aufsammelte, hatten die Mädchen die fettgedruckten Zeilen gelesen und kicherten.

„So eine bist du also! Willst uns nichts Gutes zukommen lassen! Du enttäuschst mich immer mehr“, meinte Helga nach einer Weile.

„Wieso?“ fragte Karin, die in ihrer Verstörung den ironischen Ton der anderen nicht bemerkte.

Helga deutete auf eine Einladung, wo in großen Buchstaben stand: „Gute Nachricht für Sie.“

„Hier!“ Karin reichte jeder Arbeitskollegin einen Zettel.

Helga knitterte ihren ungelesen zusammen und schnippte ihn in hohem Bogen weg.

„Mensch, hör auf! Denkst’e, ich setzt mich den ganzen Nachmittag in ein Zirkuszelt und hör mir Gerede über den lieben Gott an? – Wenn es wirklich einen gibt, ist Er alles andere als lieb. Denk nur an die grausamen Kriege, die Er zuließ!“

„Ach, so einfach ist das, Gott abzutun?“ setzte sich Karin zur Wehr. „Du übersiehst wohl die Zehn Gebote. Wenn sich jeder danach richtete, käme es zu keinem Krieg. Wenn aber ständig dagegen verstoßen wird, darf man sich nicht wundern, daß es knallt. Für das Knallen kann man dann nicht Gott verantwortlich machen...“

„Komm, halt uns keine lange Predigt“, unterbrach Helga. „Gott, was ist denn Gott? – Wo steckt Er denn? – Da oben? – Wo ist denn oben und unten bei einer Welt, die sich ständig dreht? – Gott, das ist doch nur ein Hirngespinst! Ich geb' dir den Rat, steck deine Zettel in die nächste Mülltonne und geh mit uns zum Hainigbergfest. Was da geschieht, das ist Wirklichkeit, davon hast du etwas. Komm!“ Helga packte Karin am Arm und wollte sie mit fortziehen.

„Laß das!“ sagte Karin ärgerlich, riß sich los und ging in eine Seitenstraße, worauf die Mädchen ihren Weg fortsetzten.

Helga drehte sich noch einmal um und rief: „Gebrauch ja nicht deinen Verstand. Du könntest ja sonst ein mündiger Mensch werden. Stell dir das Unglück vor!“

Dann hörte Karin schallendes Gelächter, und wieder gab es ihr einen Stich im Herzen.

Als sie eine Stunde später unter den anderen Mädchen des Jugendkreises im Missionszelt saß, hatte sie sich noch immer nicht beruhigt. Sie war sogar noch unruhiger geworden und konnte den Worten des Predigers nicht folgen. Ihre Gedanken schweiften ständig ab. Einmal wanderten sie in den Betrieb, das andere Mal zum Hainigküppel, wo Helga, Gerda, Luise und Erika sich jetzt vergnügten, und zwischendurch kreisten sie um Helgas Fragen.

Ja, wo war denn Gott? – Wohnte Er im Weltall? – Hätten ihn dann nicht die Mondfahrer sehen müssen?

Keiner von ihnen hatte jedoch einen solchen Funkspruch zur Erde geschickt. – Oder wohnte Gott noch weiter oben? – Oben? – Nein, man konnte wirklich nicht sagen, was oben und unten war bei einer Welt, die sich kopfüber und kopfunter durch das All bewegte!

Wenn man schon nicht sagen konnte, wo sich Gott befand, wie sah Er dann eigentlich aus? Was hatte man sich unter Ihm vorzustellen? – War Er eine Person? Hatte Er einen Körper? – Glich Er einem Uhrmacher, der das All schuf, es mit größter Genauigkeit ablaufen ließ und weit weg wohnte? – War Er eine unpersönliche Kraft? Ein Etwas, das mit der Natur gleich ist, oder eins, das unabhängig davon vorhanden ist? –

Karin fand keine befriedigende Antwort, so sehr sie sich auch anstrengte. Immer wieder verstrickte sie sich in Widersprüche. Ihre Gedanken drehten sich wie ein Karussell. Bilder reihten sich an Bilder, und alle waren verschwommen.

„Nein, nein, irgendwo muß es doch Klarheit geben“, dachte sie verzweifelt.

Da verspürte sie einen heftigen Stoß in der Seite. Ruckartig drehte sie sich um und sah, daß sie von ihrer Nachbarin Martina geboxt worden war.

„Was ist?“ flüsterte Karin unsicher. Hatte sie den letzten Gedanken laut ausgesprochen? Ja, so mußte es gewesen sein.

„Nimm dich zusammen!“ sagte Martina leise. Und wo Karin hinblickte, sah sie fragende, verständnislose oder gar vorwurfsvolle Blicke auf sich gerichtet. Ihr wurde ganz heiß, und sie merkte, wie ihr das Blut ins Gesicht schoß.

In ihre Verlegenheit hinein hörte sie den Prediger sagen: Gott bewohnt ein unzugängliches Licht, „den keiner der Menschen gesehen hat noch sehen kann...“

Ja, das stimmte, das hatte sie erfahren, und das machte ihre Not aus. Warum war das auch so? – Weshalb ließ Gott nicht zu, daß man ihn beweisen konnte? – Wie sollte man denn an ihn glauben, wenn man nicht den geringsten Anhaltspunkt hatte?

Wieder bewegten sich Karins Gedanken im alten Gleis.

Auf einmal hörte sie den Prediger sagen: „Kann man denn keine Gewißheit über Gott erlangen? – Die Antwort auf diese Frage gibt uns der Herr Jesus. Er spricht: ‚Meine Lehre ist nicht mein, sondern des, der mich gesandt hat. Wenn jemand will des Willen tun, der wird innewerden, ob diese Lehre von Gott sei, oder ob ich von mir selbst rede.' – Wir Menschen fragen zumeist aus einer verkehrten Einstellung heraus nach der Existenz Gottes. Welche Rolle spielt denn Sein Wille bei unserem Fragen? – Wird er nicht ganz ausgeklammert, und vertrauen wir nicht allein auf unsere Begabung und tausenderlei anderes? Der Beweis muß aber von der anderen Seite, von Gott her, geführt werden. Denken Sie zum Beispiel an das Radio. Sie können unmöglich etwas empfangen, wenn Sie nicht auf Empfang eingestellt sind. Wie kann dann ein Mensch, der nicht dazu bereit ist, den Willen Gottes zu tun, das Evangelium als unbewiesen ablehnen? – Er spricht doch wie ein Blinder von der Farbe..."

Karin horchte auf. Das war die Antwort auf ihre Fragen. Was Helga sagte, hatte kein Gewicht. Sie sprach nur so, weil sie noch nie den Versuch gemacht hatte, Gottes Willen zu tun.

Und dennoch – Karin wurde nicht froh. Es war etwas in ihr vorgegangen, das dieser Erkenntnis den Zugang zu ihrem Herzen versperrte.

Nach der Veranstaltung versammelten sich die Mädchen des Jugendkreises vor dem Zelt. Karin gesellte sich nicht zu ihnen, drückte sich stillschweigend vorbei und machte sich auf den Heimweg. Unterwegs verlangsamte sie den Schritt, um auf die Eltern zu warten, die den Haustürschlüssel bei sich hatten. Als sie von diesen eingeholt wurde, fragte die Mutter: „Sag mal, seit wann sonderst du dich ab?"

„I–ich sondere mich nicht ab. I–ich fühl' mich nur nicht wohl", erklärte Karin zögernd und spürte, daß Vater und Mutter ihr nicht glaubten. Trotzdem machte sie keinen weiteren Versuch, sich zu rechtfertigen, und gab auf die folgenden Fragen der Eltern auch keine Antwort. Dadurch entstand eine gespannte, bedrückende Stimmung.

Zu Hause angekommen, schlich sich Karin in ihr Zimmer und begann mit allem und jedem zu hadern. Sie wußte nicht, wem sie mehr böse sein sollte, den Eltern, die sie christlich erzogen hatten, oder den Arbeitskameradinnen, die ihr den Glauben madig machten.

* * *

Am Montag schien die Sonne in aller Frühe schon sehr heiß. Als Karin die Tür zur Stepperei öffnete, schlug ihr eine stickige Luft entgegen. In dem Raum war die Temperatur so hoch, daß die Arbeiterinnen in ihrer leichten Kleidung schwitzten, auch wenn sie sich nur wenig bewegten. Gerda, Luise und Erika stöhnten besonders über die Hitze. Immer wieder hielten sie sich ihre Köpfe, und eine meinte zur anderen: „Mensch, hab' ich einen Haarwurzelkatarrh!"

Ihre Stimmung wurde erst ein wenig freundlicher, als kurz vor Arbeitsbeginn Helga zur Tür hereingestürmt kam.

„Kinder, Kinder", sagte sie schnaufend, „was bin ich gerannt. Beinah hätte ich verpennt. – Aber, was macht ihr denn für Gesichter?"

Luise beschrieb mit den Händen einen großen Kreis und meinte: „So einen Brummschädel haben wir. Uns sind die Arme zu kurz, um uns am Scheitel zu kratzen."

„Kinder, das vergeht wieder, aber Dummheit bleibt", posaunte Helga und warf Karin einen vielsagenden Blick zu. Dann wärmte sie in hochtrabenden Worten noch einmal das Geschehen des Hainigbergfestes auf und erzählte den Freundinnen in allen Einzelheiten, wie sie einen Jungen an der Nase herumführte, der sie nach Hause bringen wollte. Dabei überhörte sie die Glocke zum Arbeitsbeginn und stellte ihr Gespräch erst ein, als sie von der Meisterin dazu aufgefordert wurde.

Über den sanften Ton der Ermahnung ärgerte sich Karin. Sie war vor einigen Tagen in der gleichen Lage von der Meisterin barsch angefahren worden. Dabei hatte sie noch nicht mal wie Helga anstößiges Zeug geredet, sondern mit dieser über Glaubensfragen gesprochen.

Die Steppmaschinen hatten etwa eine Stunde gerattert. Auf einmal sah Karin, daß Gerda, die ihr schräg gegenüber saß, einzunicken begann. Ihr Kopf schnappte immer wieder verdächtig weit nach vorn, daß sie sich fast an der Maschine stieß.

„Das geht nicht gut. Sie wird mit der Hand in die Maschine kommen", sagte sich Karin.

Als Gerda dann wieder einnickte, rief sie ihr zu: „Mensch, nimm dich zusammen. Geh mal raus, und wasch dich mit kaltem Wasser ab."

„Wieso?" fragte Gerda.

„Du fällst ja vor Müdigkeit fast auf die Maschine", erwiderte Karin.

„Na und? – Geht's dich was an?" gab Gerda gereizt zurück.

Enttäuscht wandte sich Karin wieder der Arbeit zu. Kaum eine Viertelstunde später übertönte ein greller Aufschrei das Maschinengeratter.

Erschrocken drehte sich Karin zur Seite und sah Gerda leichenblaß und jammernd dasitzen. Schnell sprang sie auf und eilte zu der Freundin. Nun sah sie, daß Gerda mit dem rechten Zeigefinger unter den Transporter gekommen war, die Nadel den Finger durchschlagen hatte und abgebrochen in ihm steckte.

Im ersten Augenblick lief Karin ein kalter Schauer den Rücken herunter. Dann fragte sie sich, ob der Vorfall nicht eine mahnende Strafe sei, und sagte leise vor sich hin: „Wenn dicke Köpfe und Unfälle alles sind, was bei dem Hainigbergfest herauskommt, dann ist es arm."

Nachdem Gerda zu einem Arzt gebracht worden war und die Aufregung im Raum sich gelegt hatte, erschien der Betriebsleiter in der Stepperei. Aus seinem Gespräch mit Helga hörte Karin, daß er ebenfalls auf dem Hainigbergfest gewesen war, die vier getroffen und ihnen Likör spendiert hatte. Unterließ er es deshalb, Helga, Luise und Erika zu rügen, die auch recht müde hinter den Maschinen saßen? Ihm war doch deutlich anzusehen, daß ihn Gerdas Unfall beunruhigte! – Kurz darauf fand Karin ihren Verdacht erhärtet.

„Wer von den Damen hätte Lust, unsren Steingarten in Ordnung bringen zu helfen?" fragte der Betriebsleiter.

Karin meldete sich als erste. Als auch Helga und ihre Freundinnen Interesse zeigten, wurde ihr gesagt: „Dir macht es ja hier drinnen nichts aus. Drei Mädchen reichen auch."

Karin nickte zwar, glaubte dem Betriebsleiter aber nicht. Für sie stand nun fest, daß er nur die drei im Auge gehabt hatte, weil er keinen weiteren Betriebsunfall riskieren wollte. Sie sagte sich sogar, daß er ohne weiteres vier Mädchen in den schattigen Steingarten geschickt hätte, wenn Gerda noch dagewesen wäre.

Sichtlich gereizt kam sie am Abend nach Hause. Auf die Fragen der Mutter gab sie keine Antwort. Schließlich wurde Frau Frank unruhig. Hatte Karin etwas angestellt?

„Kind“, sagte sie nach einer Weile besorgt, „du weißt doch, daß du uns alles sagen kannst, selbst wenn es etwas ganz Schlimmes sein sollte. Vater und ich können dir doch besser helfen als fremde Menschen, zu denen du vielleicht mit deinen Sorgen gehst. – Es muß etwas mit dir los sein. Du warst schon am Samstag so komisch.“

Einen Augenblick lang war es Karin, als könne und dürfe sie der Mutter nicht verschweigen, was in ihr vorging. Aber dann verkrampfte sich wieder etwas in ihr, und sie konnte ihr Herz nicht ausschütten. Sie hatte zu zweifeln begonnen, ob die Eltern wirklich ihr Bestes wollten. Was hatte ihr denn das zu Hause Gelernte bisher eingebracht? – Traf nicht die Behauptung der Mädchen zu, daß sie am Leben vorbeiging? – Ging es Helga und ihren Freundinnen, die sich keine Beschränkungen auferlegten, schlechter als ihr? – War nicht das Gegenteil der Fall? – Kamen sie, die auf jeder Hochzeit tanzten, nicht besser durchs Leben? Ein deutliches Beispiel dafür war ihr doch heute im Betrieb geliefert worden!

Karin konnte sich einfach nicht mehr am Glauben freuen. Er erschien ihr als Belastung, als eine Beschränkung ihrer Freiheit.

„Hör doch auf! Merkst du denn nicht, daß du mir auf die Nerven gehst?“ unterbrach Karin die Mutter nach geraumer Zeit, als diese ständig weitere Fragen stellte.

Diese Reaktion versetzte Frau Frank noch mehr in Erregung, und schließlich lief Karin aus der Küche, ging in ihr Zimmer, warf sich auf das Bett und weinte sich in den Schlaf.

* * *

Zwei Wochen später war es soweit. Die Betriebsfeier, von der viele schon lange vorher geschwärmt hatten, lief auf Hochtouren. Man prostete sich zu. Es wurde gesungen, geschunkelt und auf der kleinen Tanzfläche des Aufenthaltsraumes bewegten sich dichtgedrängt die Paare zu den Klängen einer Musikkapelle.

Um Karin, die etwas abseits an einem Tisch saß, kümmerte sich kaum jemand. Sie fühlte sich unter den feiernden Menschen einsamer als zu Hause in ihrem Zimmer, und ihr Herz wurde von widerstreitenden Gedanken bewegt. Einmal stieß sie das laute Treiben ab, dann fand sie es wieder anziehend, hätte gern mitgetan und beneidete die tanzende Menge um ihren Frohsinn. Schließlich ärgerte sich Karin über Helga und ihre Freundinnen, machte diese dafür verantwortlich, daß man sie mied, und beschloß, nach Hause zu gehen.

Als sie ihren Mantel anziehen wollte, kam Helga auf sie zu und fragte: „Sag bloß, du willst schon gehen?"

„Was soll ich denn hier?" kam es vorwurfsvoll über Karins Lippen.

„Huch, die Kleine ist ja sauer!" meinte Helga erstaunt.

„Mit Recht!" entgegnete Karin. „Erst setzt ihr alles dran, daß man kommt, dann kümmert ihr euch nicht um einen."

„Hättest dich halt ein bißchen früher auf den Weg machen müssen, da war noch Platz bei uns", erklärte Helga. „So dachten wir, du kämst nicht, und ließen andere mit an den Tisch. Mit ihnen mußten wir uns dann auch abgeben. Aber wir haben nichts gegen dich. Du siehst ja, ich bin jetzt da."

Karin hörte das gern. Ihr Groll war im Nu verflogen, und sie sagte: „Fast wär' ich auch nicht gekommen."

„Wieso? – War dir die Lust vergangen?" wollte Helga wissen.

„Nein, aber Mutter meinte, es wäre besser für mich, wenn ich zu Hause bliebe."

„Mutter meinte, Vater meinte... Was meinst du denn?"

„Ach Helga, in letzter Zeit weiß ich manchmal nicht mehr, was ich machen soll. Vieles, was ich früher tat, macht mir jetzt keine Freude. So bringt mir das Treiben in unserer Jugendstunde nichts mehr. Ich nahm mir auch schon oft vor, meinen Eltern zu sagen, daß ich nicht mehr hingehen würde. Aber wenn es drauf ankommt, hab ich nicht den Mut dazu und füg' mich immer wieder stillschweigend ihren Wünschen."

Karin, die vollkommen aufgewühlt war, sah nicht, daß Helgas Gesicht einen triumphierenden Zug bekam, so als stehe sie kurz vor einem lange erwünschten Sieg.

„Es muß schrecklich sein", sagte sie, „aber ich kann dich nicht bemitleiden, Karin. Du hast dir alles selbst zuzuschreiben. Wenn du zu einem eigenständigen Leben finden willst, mußt du auf den Tisch klopfen. Es bleibt dir nichts anderes übrig. – Aber lassen wir das. Wenden wir uns erfreulicheren Dingen zu. Komm, ich geb' einen aus."

Unter Helgas Führung stürzte sich Karin mit in das turbulente Treiben. Als sie sich zu später Stunde auf den Heimweg machte, befand sie sich in einer solchen Hochstimmung, daß sie meinte, niemals wieder in dunkle Tiefen stürzen zu können.

* * *

In dem sonst so friedlichen Frankschen Haus kam es in letzter Zeit oft zu unschönen Auseinandersetzungen. Der Anlaß dazu ging meistens von Karin aus. Seit der Betriebsfeier war sie ganz anders geworden. Jedem Rat der Eltern mißtraute sie, und keine ihrer Anweisungen nahm sie unwidersprochen hin.

Zu einem regelrechten Streit kam es, als Karin an einem Freitagabend zur Mutter sagte: „Du hast doch nichts dagegen, daß ich in einer Stunde mit Helga und den anderen zu einem Ball in den Haferkasten gehe?" Es sollte eine

Frage sein, aber der Ton verriet, daß es ein Entschluß war und kein Widerspruch akzeptiert würde.

Trotzdem entgegnete die Mutter: „Auch den Haferkasten habt ihr euch noch ausgesucht. Du weißt doch, welchen Ruf dieses Lokal wegen der üblen Vorfälle genießt! Nein, Karin, ich kann dich nicht gehen lassen."

„Ich versteh' dich nicht. Wenn du überzeugt bist, daß es dort unanständig zugeht, dann müßten recht viele Christen hingehen, um eine andere Linie hineinzubringen", erklärte die Tochter mit unterdrücktem Ärger.

„Karin, was bist du für ein Mädchen geworden! Du schwindelst doch. Dir geht es nicht um eine Verbesserung der Zustände im Haferkasten. Du möchtest mittun bei dem zweifelhaften Vergnügen und suchst nach einer Rechtfertigung", sagte die Mutter.

„Woher willst du das wissen? – Das vermutest du nur!" brauste die Tochter auf.

„Karin, erzähl mir doch nichts! – aber angenommen, du wolltest wirklich etwas vom Evangelium in dem Lokal sagen, dann würden es Helga und ihre Freundinnen nicht zulassen. Sie fahren dir ja schon über den Mund, wenn du mit ihnen allein bist und vom Glauben sprichst. Denkst du, sie würden dich in ihrem Beisein nun vor anderen Menschen gewähren lassen? Nie und nimmer! Für sie wär' das eine Blamage", entgegnete die Mutter und machte ein trauriges Gesicht.

Karin hinderte es nicht daran, ausfällig zu werden. Helgas aufstachelnde Worte beherrschten sie so, daß sie schrie: „Richtige Rabeneltern seid ihr. Ihr gönnt mir keine Freude. Ihr wollt mir meine Jugend total vermiesen! Aber bildet euch bloß nicht ein, daß ich mich von euch ständig am Gängelband führen lasse. Ich geh' ganz einfach ohne euer Einverständnis zum Haferkasten!"

Plötzlich ging die Küchentür auf, und herein kam Herr

Frank, der die ganze Zeit nebenan im Wohnzimmer gesessen und alles gehört hatte. Mit vor Ärger gerötetem Kopf schritt er auf Karin zu, packte sie mit derbem Griff am Arm und schüttelte sie kräftig.

„Was willst du tun? – Noch ein Wort, und du bekommst eine Abreibung, an die du dein Lebtag denken wirst. Wenn dir mit guten Worten nicht beizukommen ist, können wir auch anders!" sagte er.

Karin erschrak. So hatte sie den Vater noch nie erlebt. Ängstlich zog sie sich auf ihr Zimmer zurück und weinte.

Nach einer Weile hielt sie inne und war entschlossen, trotz des Verbots zum Haferkasten zu gehen. Sie hatte auch schon einen Plan. Sie wollte warten, bis die Eltern zu Bett gegangen waren, und sich dann heimlich davonschleichen. – Während sie überlegte, wie sich die Flurtür ohne Knarren öffnen lasse, hörte sie Schritte auf ihr Zimmer zukommen. – Es mußte der Vater sein. Bestimmt wollte er nachsehen, ob sie im Bett lag.

Karin meinte, das Herz bliebe ihr stehen. Sie wußte, was geschehen würde, wenn er sie im Sonntagskleid vorfand. Weshalb hatte sie sich auch schon umgezogen?! – Was sollte sie jetzt tun? –

Im letzten Augenblick löschte sie das Licht, sprang ins Bett und zog die Decke bis über die Ohren. Die nächsten Minuten kamen ihr wie eine Ewigkeit vor. Sie bemerkte, daß sich der Vater über das Bett beugte und spürte sogar seinen Atem im Gesicht. Was, wenn er feststellte, daß sie nicht wirklich schlief, und die Decke zurückzog?...

Doch der Vater schöpfte keinen Verdacht. Als er das Zimmer verlassen hatte, atmete Karin erleichtert auf.

Eine Stunde später stand sie vor dem Haus. Kurz blickte sie zum Schlafzimmerfenster der Eltern. Nichts rührte sich. Sie war unbemerkt entkommen. Schnell lief sie zur Straßenbahnhaltestelle und hatte Glück, daß gleich eine

Bahn kam. Eine halbe Stunde später betrat sie dann den Haferkasten. Es war ein düsteres, unfreundliches Lokal. Die stickige Luft verschlug Karin im ersten Augenblick den Atem, und sie mußte kräftig husten. Du liebe Zeit, wo war sie hingeraten! Ihr wurde ganz komisch zumute, und sie verspürte Lust, wieder zu gehen.

„Karin! – Karin! – Mensch, das darf nicht wahr sein! Du bist noch gekommen?" hörte sie sich da von Helga und ihren Freundinnen gerufen.

Kurz berichtete sie über den Grund ihrer Verspätung, erzählte von dem Streit zu Hause und ihrer Flucht.

Die Mädchen zeigten sich beeindruckt. Voller Anerkennung meinten sie: „Endlich bist du auf dem rechten Weg."

Karin kam sich wie eine Heldin vor.

Kurze Zeit später sagte Helga: „Wenn meine Eltern so verbohrt wären, würde ich mich sofort von ihnen trennen."

„Das werde ich auch tun!" erklärte Karin in ihrer Hochstimmung und tat so, als hätte sie sich schon seit langem mit diesem Gedanken getragen.

„Dann kann ich dir behilflich sein", war Helga gleich bei der Hand. „Ich hab' ganz in der Nähe unsrer Arbeitsstelle Bekannte, die ein möbliertes Zimmer vermieten möchten."

„Super!" kam es großtuerisch über Karins Lippen. „Setz dich nur recht bald mit ihnen in Verbindung. Ich freue mich schon darauf, meinen alten Herrschaften ade zu sagen."

„Hallo, ihr Hübschen! Habt ihr noch Platz für vier untertänige Diener?" tönte es plötzlich über den Tisch.

„Hallo, Gerd!" erwiderten die Mädchen einem gut aussehenden, aber schlampig gekleideten Jungen, der sich vor dem Tisch aufgebaut hatte. „Ja, kommt nur ran. Aber tu nicht so geschwollen", sagte Helga.

Kurz nachdem die vier neben Helga und ihren Freundinnen Platz genommen hatten, kam ein fünfter Junge an und setzte sich, ohne zu fragen, neben Karin. Als er schließlich seinen Mund aufmachte, merkte sie, daß er angetrunken war. Angewidert rückte sie von ihm ab. Doch er störte sich nicht daran und rückte ihr nach. Dieses Spiel wiederholte sich eine ganze Weile, bis Karin dicht an Luise kam und nicht mehr ausweichen konnte. Jetzt legte er seinen Arm um ihre Schultern und hielt sie fest.

Einen Augenblick später wurden Helga, Gerda, Luise und Erika von ihren Jungen zum Tanz gebeten. Karin erhielt daraufhin von ihrem Nachbarn eine gleiche Aufforderung. Sie lehnte jedoch ab. Mit einem solchen Typ wollte sie sich nicht vor aller Augen auf der Tanzfläche zeigen. Ihr war es schon peinlich genug, mit ihm in einer düsteren Ecke zu sitzen.

Als sich die anderen entfernt hatten, bereute sie es, mit dem Burschen allein geblieben zu sein. Er wurde jetzt äußerst aufdringlich. Packte sie noch fester und zog sie dicht an sich. Als sie sich aus seiner Umklammerung befreien wollte, sagte er mit schwerer Zunge: „Ich lieb dich! – Ich kann ohne dich nicht mehr le–leben! Wenn du abhauen willst, bring ich dich um!“

Karin lief ein kalter Schauer den Rücken herunter, und sie bleib wie angewurzelt sitzen, während der Junge sie mit einem eigenartigen Blick anstarrte.

Plötzlich ließ er sie los und zündete sich eine Zigarette an. Diesen Augenblick nutzte Karin zur Flucht. Sie stürmte quer durch das Lokal zur Tür und lief dann draußen in Richtung Staßenbahnhaltestelle davon.

Nach einigen hundert Metern blieb sie stehen, lehnte sich gegen eine Hauswand und atmete erleichtert auf. Doch sie hatte sich zu früh gefreut. Sie war der Gefahr noch nicht entronnen. Nach wenigen Minuten fuhr ihr ein tiefer

Schreck in die Glieder. – Kam da nicht der Bursche aus dem Haferkasten die Straße herauf? – Natürlich, er war es! Sie erkannte ihn an der Struwwelpeter–Frisur.

Jetzt hatte auch er sie erkannt und rief: „Hallo, Kleine! Wart mal! Hast noch was von mir zu kriegen."

Als Karin weiterging, begann er zu rennen. Sofort tat sie das gleiche. Doch schon bald ging ihr die Luft aus, sie wurde langsamer, und der Junge kam immer näher heran. – Was sollte sie tun? – Würde sie die Haltestelle noch erreichen? – Und wenn schon, nutzte es ihr etwas? War denn sicher, daß eine Bahn abfahrtbereit dastand, in die sie flüchten konnte? –

Als Karin freien Blick auf die Haltestelle hatte, sah sie keine Bahn, noch nicht mal einen wartenden Fahrgast, der ihr hätte helfen können. In ihrer Not bog sie in eine Seitenstraße. Der Verfolger war dicht hinter ihr. Jeden Augenblick mußte er sie fassen. Da sah sie ein offenes Hoftor, rannte hindurch und schlug es zu. Zum Glück hatte das Tor einen feststehenden Knauf und konnte von außen nicht geöffnet werden. Wutentbrannt rannte der Junge mit den Schultern gegen die Tür an, daß die Bretter verdächtig knarrten. Aber sie hielten dem Druck stand. Karin konnte sich jedoch nur kurze Zeit in Sicherheit wiegen, denn plötzlich saß der Bursche auf dem Tor und zischte: „Jetzt hab ich dich! Jetzt kannst was erleben!"

Karin wollte um Hilfe schreien, brachte aber keinen Ton heraus. Ihr war, als sei der Hals zugeschnürt, und sie zitterte am ganzen Körper.

Sollte nun alles aus sein? – Sollte sie sich in dem dunklen Hof von dem Kerl umbringen lassen müssen?

Während sie so überlegte, hörte sie von der nahen Haltestelle das Geräusch einer ankommenden Bahn. Gleichzeitig sprang der Bursche vom Tor herunter, landete auf einer Reihe von Mülltonnen, kippte mit diesen um und flog der Länge nach in den Hof. Blitzschnell erfaßte Karin die Lage, riß die Tür auf und rannte der Haltestelle entgegen. Sie hatte Glück, erreichte noch im letzten Augenblick die Straßenbahn und fuhr nach Hause.

Lange lag sie dann wach im Bett. Das ganze Geschehen zog noch einmal an ihr vorüber. – Nein, wenn das alles war, was das von Helga gepriesene Leben zu bieten hatte, dann war es nichts für sie. Sie nahm sich vor, der Freundin beim nächsten Zusammentreffen zu erklären, daß sie nicht mehr mittun werde.

* * *

Als Karin am Montag in den Betrieb kam, wurde sie von Helga, Gerda, Luise und Erika umringt.

„Wo warst du denn am Freitag so plötzlich hin? – Sag bloß, du bist mit dem Zenker abgeschoben?“ wollten sie wissen.

„Abgeschoben ist gut“, sagte Karin. „Abgehauen bin ich. Der Kerl wollte mich umbringen.“ Und dann erzählte sie die Geschichte ihrer Flucht in allen Einzelheiten.

„Mensch, was man von dir alles erfährt, wird ja immer toller. Soviel Mut hätte ich dir nicht zugetraut. Ich dachte immer, du wärst ein ängstliches Häschen, das nie was riskiert“, meinte Helga und klopfte Karin auf die Schulter.

„Es ist nicht ihr Verdienst, daß sie ungeschoren davonkam. Da war noch was im Spiel. Warum ist der Zenker denn nicht neben die Tonnen gesprungen?“ gab Erika zu bedenken.

„Nichts war im Spiel. Der Kerl konnte gar nicht daneben springen, weil ich ihm beim Absprung vom Tor einen leichten Schubser gab“, erklärte Karin und warf sich in die Brust.

Erika machte ein enttäuschtes Gesicht und sah die Freundin an, als wollte sie sagen: Jetzt lügst du.

Karin achtete nicht darauf und erging sich in weiteren spannenden Ausschmückungen der Geschichte vom Freitagabend. Von dem Vorsatz, das Treiben der Mädchen zu meiden, erwähnte sie nichts. Statt dessen beteiligte sie sich schließlich an der Planung weiterer nächtlicher Ausflüge.

Nach einigen Tagen kam Helga mit der Nachricht: „Es ist alles perfekt. Du kannst sofort zu meinen Bekannten ziehen."

Karin gab es einen Stich, und sie brachte im ersten Augenblick kein Wort über die Lippen.

„Sag bloß, du hättest jetzt keine Lust mehr und meine Bemühungen wären umsonst gewesen", sagte Helga und meinte: „Ich hätte mir's ja gleich denken können, daß du ein Elternhinkel bist und den letzten Schritt nicht wagst."

„Du hast dich getäuscht. Klar geh' ich von zu Hause weg", versicherte Karin. Sie konnte jedoch nur mühsam verbergen, daß es ihr schwerfiel, so zu sprechen. Sie empfand jetzt keine Freude darüber, ihren Eltern ade zu sagen, wie sie vor einigen Tagen den Mädchen im Haferkasten erklärt hatte, sondern hätte am liebsten wieder alles rückgängig gemacht. Ihr fielen auch Entschuldigungsgründe ein. Trotzdem machte sie von keinem Gebrauch, weil immer wieder dieses: Du darfst dich nicht blamieren! vor ihr stand. Doch, wie sollte sie von zu Hause fortkommen? – Ihre Eltern würden niemals einwilligen! – Nachts verschwinden ging schlecht. Diesmal mußte sie Gepäck mitnehmen. Da konnte sie nicht so leise schleichen wie sonst. Karin geriet vollkommen durcheinander, vernachlässigte ihre Arbeit und wurde einige Male von der Meisterin gerügt.

Abgespannt und ohne eine Lösung gefunden zu haben, kam sie am Abend nach Hause.

Während des Essens sagte die Mutter: „Karin, ich habe eine Bitte an dich. Sei so gut und räum nachher den Tisch mal allein ab. Vater und ich wollen Frau Rosner besuchen. Du weißt ja, sie ist schon seit längerem krank."

Karin wollte aufbegehren, nickte dann aber zustimmend. War das nicht die Möglichkeit, ihren Plan zu verwirklichen? – Klar, wenn sie gehen wollte, dann mußte sie es jetzt tun. Eine solche Gelegenheit kam bestimmt so schnell nicht wieder.

Als die Eltern das Haus verließen, hörte Karin mit dem Geschirrspülen auf, ging in ihr Zimmer und begann zu packen. Obwohl sie sich nur für das Notwendigste entschied, hatte sie im Nu zwei Koffer gefüllt. Während sie diese in den Flur schleppte, wurde ihr eigenartig schwer ums Herz. Sie fühlte plötzlich, wie nahe ihr Vater und Mutter im Grunde genommen standen, wie schmerzlich es war, eine vertraute Umgebung zu verlassen. –

Würde sie das Elternhaus jemals wieder betreten können? – Sie meinte nicht. Sie war überzeugt, daß sie mit ihrem Vorgehen bei Vater und Mutter endgültig in Ungnade fiel. – War es nicht auch gemein und feige, zu verschwinden, während die Eltern einen Krankenbesuch bei der Nachbarin abstatteten? – In welche Aufregung und Sorge würden sie fallen, wenn sie von Rosners zurückkamen und ein leeres Haus vorfanden? – Doch dieses: Du darfst dich vor den Mädchen nicht blamieren! ließ die guten Stimmen in Karin nicht siegen. Um Vater und Mutter aber nicht völlig im Ungewissen zu lassen, ging sie in die Küche und schrieb einen Zettel.

„Liebe Eltern! Ihr habt es ja selbst gemerkt, wir konnten uns in letzter Zeit über viele Dinge nicht einigen und gingen uns gegenseitig auf die Nerven. Damit wir uns nicht noch weiter zerstreiten und uns vollkommen fertigmachen, gehe ich. Ich hab mir ein Zimmer bei Fischer in der Kasinostraße 21 genommen. Karin."

Nachdem sie den Zettel mitten auf den Tisch gelegt hatte, verließ sie das Haus.

* * *

In diesem Jahr war der Herbst nicht gewillt, dem Sommer eine gewisse Schonzeit zu geben. Er richtete sich nach dem Kalender und ließ schon Ende September Regenstürme über das Land brausen.

Mit dieser Jahreszeit begannen auch für Karin dunkle Wolken aufzuziehen. Und so, wie es draußen kälter wurde, kühlte sich plötzlich das Verhältnis zu ihren Freundinnen ab. Trotz ihrer Bereitschaft, ständig einzulenken, nahmen die Nörgeleien von Helga, Gerda, Luise und Erika zu.

Eines Abends saß Karin dann in ihrem Zimmer und sagte schon zum wiederholten Male, während ihr Tränen über die Wangen rollten: „Nein, nein, das darf nicht wahr sein!"

Schließlich ballte sie ihre Hände zu Fäusten und trommelte aus Verzweiflung auf den Tisch. Doch an ihrer Situation änderte sich dadurch nichts. Ihre Freundinnen hatten sie verlassen, und nach Lage der Dinge konnte sie nicht damit rechnen, daß diese sie jemals wieder in ihren Kreis aufnehmen würden. Erika, die am längsten zu ihr gehalten, sich erst vor einigen Stunden von ihr lossagte, hatte ihr deutlich zu verstehen gegeben, daß man mit ihr nichts mehr zu tun haben wollte. Eine stichhaltige Begründung hatte sie, wie vorher die anderen, nicht geben können. Ihre Äußerungen waren sehr widersprüchlich gewesen.

Je länger Karin darüber nachdachte, um so klarer wurde ihr, daß es den Mädchen auch nicht um eine vernünftige Erklärung ihres Handelns ging, sondern einzig und allein darum, sie, ganz gleich auf welche Weise, loszuwerden.

Aber warum? Hatte sie noch nicht genug getan, um zu beweisen, daß sie zu ihnen gehören wollte? Keine von ihnen hatte solche Opfer gebracht wie sie! Aber wie stand sie jetzt da? Sie hatte sich auf ihre Freundinnen verlassen und war nun verlassen! –

Wieder begann sich Karin zu fragen, warum man sie im Stich gelassen hatte. Ihrer Ansicht nach gab es keinen einleuchtenden Grund dafür. Helga, Gerda, Luise und Erika mußten doch wissen, daß es ihr trotz des Streites letztlich nicht leichtgefallen war, sich von den Eltern zu trennen, mit allem zu brechen, was sie beim Eintritt in den Betrieb als unverzichtbar angesehen hatte. Sie hätten doch anerkennen müssen, daß sie, Karin, sich auf ihre Stufe begeben hatte. Aber nun dies? Nein, es war nicht zu fassen.

Oder doch? – Karin erschrak über den Gedanken, der ihr plötzlich durch den Sinn schoß. Er schien ihr zu ungeheuerlich. Und doch, sie kam nicht davon los. Sie erinnerte sich nämlich, daß Helga vor kurzem mit einigen Arbeiterinnen getuschelt hatte. Was im einzelnen dabei gesprochen wurde, hatte sie nicht mitbekommen. Bei dem Maschinengeratter waren nur wenige Worte an ihr Ohr gedrungen. Aber diese, das wurde ihr jetzt klar, betrafen ihre Person und waren die Antwort auf ihre Frage. Sie erkannte, daß ihre Lebenshaltung besonders für Helga ein Stein des Anstoßes gewesen war, daß Helga deshalb alles darangesetzt hatte, diesen Stein aus dem Weg zu räumen. Und jetzt, wo ihr dies gelungen war, triumphierte sie über den angeblichen Beweis dafür, daß es mit Gott nichts auf sich habe, daß alles nur dummes Zeug sei. Und sie, Karin, war uninteressant geworden.

Wieder begann sie zu weinen, und sie schalt sich dumm. Nein, Helga und ihre Freundinnen waren es nicht wert, daß sie ihretwegen auch nur eine Träne vergoß. Sie hatten ihr zu übel mitgespielt. Und doch, sie weinte weiter.

Sie konnte es nicht unterdrücken. Es kam tief aus ihrem Inneren heraus. War es Selbstmitleid? Karin lauschte angestrengt in sich hinein.

Ja, es tat weh, enttäuscht worden zu sein. Aber sie fühlte, daß dieser Schmerz nicht ihre ganze Betrübnis ausmachte. Es schwang noch etwas anderes mit. Etwas, das sie zunächst nicht genau beschreiben konnte – und dann nicht wollte. Sie spürte nämlich, daß es etwas war, was sich gegen sie richtete, und sie hatte jetzt schon genug gegen sich. Doch dieses Etwas ruhte nicht, es bohrte unaufhörlich, es drängte empor, und schließlich war es heraus: Schuld!

Ja, Karin fühlte eine schwere Schuld auf sich lasten. Sie erkannte, daß sie alles getan hatte, um den Mädchen den Zugang zum Evangelium zu verbauen. Was sollten die vier denn anders denken, als daß an Gott nichts dran sei, wo sie, die vorher auf Ihn geschworen, im entscheidenden Augenblick so getan hatte, als sei Er nicht vorhanden? Dabei meinte sie rückblickend zu wissen, daß Erika von ihrer Lebenshaltung beeindruckt war, daß sie drauf und dran gewesen sei, ihr zu folgen. Furchtbar, einfach furchtbar, was sie sich da geleistet hatte! –

Zerknirscht stützte Karin die Ellenbogen auf den Tisch, legte den Kopf in die Hände und wiegte ihn seufzend hin und her.

„Nein, nein“, preßte sie nach einer Weile gequält hervor und hob den Kopf ruckartig hoch. Denn so, als habe sie es mit dem Wiegen wachgerüttelt, stieg das Gefühl in ihr auf, eine Gefangene zu sein. Wo sie sich auch hinwandte, stieß sie auf Grenzen, sah sie sich einer unheimlichen Bedrängnis ausgesetzt. Wie war es möglich, daß ihr der von den Mädchen übernommene Lebenswandel, den sie vorher irgendwie anziehend gefunden hatte, plötzlich in einem schrecklichen Licht erschien? – Kam es daher, daß sie nach einem Grund suchte, um die Überlegene spielen und Helga und ihren Freundinnen sagen zu können: Ich hätte wegen diesem und jenem sowieso nicht mehr mitgemacht?

Nein, daran lag es nicht. Es war schon früher gewesen. Sie hatte es bloß nicht sehen wollen. Bei dem Treiben im Kreis der Mädchen war ihr oft ganz komisch zumute gewesen. Sie war ganz unruhig geworden und hatte immer etwas anderes tun müssen, um nicht zum Nachdenken zu kommen.

Warum kam ihr das alles erst jetzt zum Bewußtsein? Weshalb war es ihr nicht schon aufgegangen, als sie mit Helgas Tun zu liebäugeln begonnen hatte? Ihr wäre viel erspart geblieben. Sie hätte sich nie in eine solche Lage bringen lassen.

Nein, den Eltern und Verwandten konnte sie keinen Vorwurf machen. Von ihnen war sie oft genug gewarnt worden. Woran lag es also?

Hing ihr Verhalten vielleicht mit dem zusammen, was einmal in der Jugendstunde gesagt worden ist: „Ein Begehren der Menschen ist, daß sie sich über ihren Schöpfer stellen wollen. Die Schlange im Paradies spricht diese Sehnsucht aus: ‚Ihr werdet sein wie Gott!‘“

So mußte es gewesen sein. Ja, so war es auch. Sie, Karin, hatte nicht mehr warten, sondern am Ziel sein wollen; sie hatte nicht mehr leiden, sondern immer glücklich sein wollen; sie hatte nicht mehr auf Grenzen stoßen, sondern alles tun dürfen wollen; sie hatte nicht mehr von Schuld gequält werden, sondern immer entschuldigt sein wollen. Und in diesem Augenblick fühlte sie sich mit dem ersten Menschenpaar eng verbunden.

War es ihr nicht wie diesem ergangen? Sie hatte, wie Adam und Eva, sich selbst Freiheiten genommen ohne Gott. Nun war sie in Angst gefallen, hatte sich, statt frei zu sein, unheimlichem Zwang ausgesetzt.

Gerne hätte Karin jetzt die Zeit zurückgedreht und alles ungeschehen gemacht. Aber weder das eine noch das andere war ihr möglich. Wie sollte es deshalb weitergehen?

Karin wußte es nicht und weinte laut.

Doch plötzlich hielt sie inne. Hatte der Herr Jesus nicht gesagt: „Kommt her zu mir alle, die ihr mühselig und beladen seid; ich will euch erquicken?“

Ja, das war ihr Chance. Bei ihm konnte sie noch einmal neu beginnen. Sie faltete die Hände und bat: „Herr Jesus, vergib mir! Du hast uns in Deinem Wort, der Bibel, gesagt, wie die, die an Dich glauben, unbeschadet durchs Leben kommen können. Ich habe auch erfahren, daß es stimmt was Du sagst – lange Zeit sogar. Aber dann, – als ich in den Betrieb kam und die Mädchen kennenlernte, – Du weißt es ja, Herr Jesus, – da meinte ich auf einmal, etwas verpaßt zu haben, daß ich mich zu Dir hielt und die Sachen, die die anderen so machten, mied. – Vielleicht hätten meine Eltern mir eine bessere Hilfe sein können. Mein Versagen bleibt mein Versagen, und es wird nicht dadurch aus der Welt geschafft, daß ich es verdränge und meinen Eltern anlaste, sondern, dadurch daß ich dazu stehe, es Dir bekenne und Du mir vergibst. Und um Vergebung, Herr Jesus, möchte ich Dich herzlich bitten.“

Schlaf fand Karin in dieser Nacht nicht. Als schließlich der Morgen zu dämmern begann, stand für sie fest, daß sie wahre Freundinnen und Freunde nicht unter denen finden konnte, die keine Verbindung mit dem Herrn Jesus eingegangen waren. Sie konnte es deshalb nicht, weil die sich von Dingen bestimmen ließen, die nicht zu Gott hin, sondern von Ihm weg zogen.

Augenblicke später nahm sich Karin vor, wieder zu den Eltern zu gehen. Der Entschluß kam zustande, als sie an die Mutter dachte, die kurz nach ihrem Weggang von zu

Hause zu ihr gekommen war. Während des Besuchs hatte die Mutter bekannt: „Karin, Vater und ich, wir haben in den letzten Tagen viel über unser Verhältnis zu dir nachgedacht. Wir haben das im Licht von Gottes Wort getan und uns nicht von unseren Herzen leiten lassen. Das Herz entschuldigt ja immer das eigene Verhalten, auch wenn es noch so verwerflich ist. Wir ließen uns deshalb von der Wahrheit leiten, die einen Namen hat, nämlich: Jesus Christus, und auf der die Verheißung ruht, daß sie frei machen wird. Und wir sind frei geworden, Karin, – von uns selbst. Das war natürlich nicht einfach, das war ein schmerzlicher Prozeß. Aber wir haben ihn durchgestanden, unser Fehlverhalten vor Gott bekannt und um Vergebung gebeten, jetzt möchte ich das gleiche – auch im Namen deines Vaters – vor dir tun. Außerdem sollst du wissen, daß du jederzeit wieder heimkommen kannst."

Ja, ganz gewiß, dieses Angebot wollte sie jetzt annehmen, obwohl sie damals nicht positiv darauf reagiert hatte.

*„Wenn wir unsere Sünden bekennen, so ist er treu und gerecht, daß er uns die Sünden vergibt."*

*1. Johannesbrief 1,9*

# Das Größte ist die Liebe

Die Freude, mit der Karl jeden Morgen zur Arbeit ging, hatte in letzter Zeit erheblich nachgelassen. Schon beim Anblick des Fabrikgebäudes kam ein ungutes Gefühl in ihm auf. Dabei waren die Arbeitsbedingungen im Betrieb verbessert und der Lohn erhöht worden. Auch über Peter, seinen jüngeren Arbeitskollegen, konnte sich Karl nicht beklagen. Der Junge war nach wie vor hilfsbereit und freundlich zu ihm. Dennoch begann sich mehr und mehr ein gewisses Unbehagen in Karl breitzumachen, weil die Beanstandungen bei den von ihm gefertigten Apparaten zunahmen – obwohl er sich mühte.

„Woran liegt es, daß auf einmal nicht mehr alles so läuft, wie ich es gern möchte?“ fragte sich Karl. „Vielleicht am Material? – Doch wohl nicht, denn dann müßten ja die Fehler auch bei Peter auftreten.“

Langsam erkannte Karl, daß seine Konzentration und Geschicklichkeit nachließen. Das aber wollte er nicht wahrhaben.

Abteilungsleiter Brosius erahnte die Vorgänge in Karl und brachte ihm Verständnis entgegen. „Es muß schwer für ihn sein“, sagte er sich, „festzustellen, daß seine Kräfte nachlassen. Früher war er ein zuverlässiger Arbeiter.“

Brosius hoffte aber, daß Karl sich wieder fangen könne oder selbst so viel Einsicht aufbringen und freiwillig in eine andere Abteilung des Betriebes gehen werde.

Nach einiger Zeit mußte Brosius aber feststellen, daß er sich geirrt hatte. Ihm blieb darum nichts anderes übrig, als Karl reinen Wein einzuschenken: „Karl“, sagte er, „Sie dürfen mir glauben, daß es mir schwerfällt, Ihnen dies zu sagen, aber so kann es nicht mehr weitergehen. Die Unkosten, die durch die Reklamationen wegen der von Ihnen gefertigten Apparate entstehen, sind entschieden zu hoch. Mir werden schon Vorwürfe gemacht. Wenn es Ihnen nicht gelingt, die Fehler in Zukunft abzustellen, sehe ich mich leider dazu gezwungen, Sie in eine andere Abteilung versetzen zu lassen.“

Diese Mitteilung traf Karl wie ein Schlag. Jahrelang hatte er im Betrieb gearbeitet, und jetzt sollte er mit einem Mal zum alten Eisen geworfen werden? – Allein der Gedanke erschien ihm schon unerträglich.

Karl, sonst ein besonnener Mann, ließ seiner Empörung und seiner Angst gegenüber dem Vorgesetzten freien Lauf. Später bereute er sein Verhalten. So hatte er nicht reagieren wollen. Karl ging zu Brosius und entschuldigte sich. Gleichzeitig versprach er, sich zusammenzunehmen und wieder bessere Arbeit zu leisten.

Doch in den folgenden Tagen mußte Karl seine Grenze erkennen. Trotz aller Anstrengung fand er nicht seine Zuverlässigkeit und Sicherheit wieder. Immer öfter mußte er feststellen, daß sich bei der Montage der Apparate irgendwo Fehler einschlichen. Karl war oft nahe daran, freiwillig aus der Endmontageabteilung auszuscheiden. Hier wurden die letzten, aber entscheidenden Teile in die hochkomplizierten, wertvollen Geräte eingebaut. Dann aber kam wieder eine Stimme in ihm auf, die ihm einredete:

„Nein, das darfst du nicht tun. Willst du dich so blamieren? Du mußt durchhalten. Du brauchst auch das Geld!“ – Und Karl quälte sich weiter.

Peter, der aus Gesprächen die Schwierigkeiten seines älteren Arbeitskollegen kannte, empfand Mitleid. Immer wieder unterbrach er seine Arbeit und half Karl, die kleineren Fehler wieder geradezubiegen. Karl rechnete dies dem Jungen hoch an und bedankte sich. Gleichzeitig stieg aber auch ein heimlicher Neid in ihm auf, wenn er sah, wie der Jüngere, den er einst angelernt hatte, mit großer Fingerfertigkeit die schwierigsten Anschlüsse fand und alles exakt zusammenbaute.

So schleppten sich die Tage dahin bis zu jenem Morgen, da Karl und Peter gleichzeitig je eine Serie Apparate zur Fertigstellung erhielten. Es lief alles ganz gut. Karl meinte schon, seine Sicherheit wiedergefunden zu haben und mit dem Jungen Schritt halten zu können. Doch plötzlich, als er fast mit seiner Arbeit fertig war, entdeckte er einen Fehler, der sich nicht mehr beheben ließ. Alle Geräte, die er montiert hatte, waren Ausschuß.

Karl erschrak, und seine Gedanken begannen fieberhaft zu arbeiten. „Was soll ich nun machen? Zum Abteilungsleiter gehen und ihm den Fehler melden, der bei der Kontrolle sowieso entdeckt wird? – Klar, das ist das Vernünftigste“, sagte er sich. Aber im selben Augenblick wurde ihm bewußt, daß damit seine Versetzung in eine andere Abteilung besiegelt war.

Karl wußte in seiner Verzweiflung nicht mehr ein noch aus. Hilfesuchend sah er zu Peter hin. Der Junge war ganz in seine Arbeit vertieft. Karl stand eine Weile regungslos da. Irgend etwas hielt ihn davon ab, den Jungen anzusprechen. Er wurde durch Höhen und Tiefen gerissen, und plötzlich wurden seine Augen immer größer. Er erkannte eine letzte Chance.

Plötzlich stöhnte Karl auf und ließ sich zurück auf einen Stuhl fallen. Erschrocken fuhr Peter von der Arbeit hoch, ließ den Nummernstempel, mit dem er gerade die fertigen Geräte stempeln wollte, auf den Tisch fallen und eilte zu seinem Arbeitskameraden.

„Was hast du, Karl? – Ist dir nicht gut?“ Peter blickte dem Älteren besorgt ins Gesicht.

Karl konnte dem Blick des Jungen nicht standhalten und schloß die Augen. In diesem Augenblick war er versucht, sein Vorhaben wieder aufzugeben. „Nein, diesen Menschen darfst du nicht betrügen. Das ist eine echte Schweinerei, was du vorhast“, sagte er sich.

Doch das andere, womit er vorher nur in Gedanken gespielt hatte und wovon er nicht wußte, woher es kam, war plötzlich so stark in ihm geworden, daß er von sich aus nicht mehr darüber Herr wurde.

„Warte“, sagte Peter, der von allem, was in Karl vorging, nichts ahnte, „ich hole einen Schluck Wasser.“

Als Peter den Raum verließ, sprang Karl hoch, erwischte seinen Stempel, der sich durch nichts als die Zahl von Peters Stempel unterschied, und vertauschte die beiden.

„Es geht schon wieder besser“, sagte Karl, nachdem er das Wasser getrunken hatte. Er wollte nicht, daß der Zwischenfall zu viel Aufsehen erregte.

Peter ging wieder zurück an seinen Arbeitsplatz und nahm den Stempel in die Hand. Die nächsten Sekunden kamen Karl wie eine Ewigkeit vor. Das Herz krampfte sich ihm zusammen. Er hielt den Atem an, und Schweiß trat ihm auf die Stirn.

„Wenn Peter jetzt etwas merkt, dann..."

Karl wagte den Gedanken gar nicht zu Ende zu denken. Aber Peter merkte nichts und drückte schließlich den Stempel auf die Geräte.

Da raffte sich Karl auf und begann auch die von ihm gefertigten Apparate zu stempeln – mit Peters Nummer. Aus dem Klang der Aufschläge meinte Karl die Anklage zu hören: „Du Betrüger! Du Betrüger!"

Peter, der seinen Arbeitskollegen aufmerksam beobachtete, merkte, daß dieser noch immer nicht in Ordnung war. Damit der vermeintliche Schwächeanfall sich nicht wiederholte, ging der Junge in der folgenden Frühstückspause zum Betriebssanitäter und holte für den Kollegen einige Tabletten. Diese Zeit benutzte Karl, um die Stempel wieder gegeneinander auszutauschen. Er tat das sehr vorsichtig, damit niemand etwas bemerkte. Als dann ein Arbeiter kam und die fertigen Geräte mit einem Wagen abtransportierte, meinte Karl, gewonnen zu haben.

„Jetzt kann dir nichts mehr passieren", sagte er sich, „und Peter wird dieser Ausfall nicht schaden."

Karl hatte erreicht, was er wollte: er hatte einen Sieg errungen. Wenn aber allen Siegern so zumute wird wie Karl, dann sind sie nicht zu beneiden.

Als er an diesem Abend nach Hause kam, stiegen alle anklagenden Stimmen in ihm auf, die er den Tag über unterdrückt hatte. Doch jetzt wehrte er sich vergeblich dagegen. Sie waren zu mächtig geworden und ließen sich nicht zurückdrängen.

Obwohl Karl wußte, daß sein Betrug wohl kaum noch aufgedeckt werden konnte, wurde er immer unruhiger und begann in der Wohnung auf und ab zu gehen. Die besorgten Blicke seiner Frau, die nicht wußte, was ihn bedrückte, verunsicherten ihn noch mehr. Er meinte, eine Anklage darin lesen zu können.

„Was hast du gegen mich?“ fuhr er sie an. „Bin ich dir auch nicht mehr gut genug?“

Sie war in diesem Augenblick so erschrocken, daß sie kein Wort über die Lippen brachte.

„Ich will in Ruhe gelassen werden“, schrie Karl erneut auf. „Auch von dir, merk dir das!“

„Was ist denn in dich gefahren? Ich habe doch gar nichts gesagt“, entgegnete sie.

Ohne eine Antwort zu geben, verließ Karl das Zimmer, knallte die Tür zu und ging in die nächste Gastwirtschaft. Als er in der Nacht nach Hause kam, fühlte er sich über allen Kleinkram erhaben. Doch schon am nächsten Morgen wurde er eines anderen belehrt. Alles erschien ihm noch viel grauer als am Tag zuvor. Karl war vollkommen niedergeschlagen und brachte es nicht fertig, in den Betrieb zu gehen. Sollte er sich wieder neben Peter stellen und mit ihm sprechen, als ob nichts geschehen sei? –

„Ich brauche etwas Zeit“, sagte sich Karl, „um über die Geschichte hinwegzukommen.“

Kurz entschlossen meldete er sich krank.

Als er sich nach einigen Tagen wieder am Arbeitsplatz einfand, stand an Peters Platz ein anderer Kollege.

„Wo ist Peter?“ fragte Karl.

Mit dem, was er nun erfuhr, hatte er nicht im geringsten gerechnet. Peter war entlassen worden, weil er angeblich versucht hatte, total unbrauchbare Geräte durch die Kontrolle zu schmuggeln und dann noch abgestritten hatte, diese gefertigt zu haben, obwohl sie seinen Stempel trugen.

Nun klagte Karl sich wieder selber an. Die innere Last erdrückte ihn fast. Wohin er auch blickte, überall sah er Schuld und Versagen. Am liebsten wäre er fortgelaufen.

„Jahrelang hast du dich abgerackert und dir nichts zuschulden kommen lassen“, sagte er sich, „und jetzt?“

„Nein“, begehrte es in Karl auf, „das darf nicht das Letzte sein. Nach Feierabend fährst du sofort zu Peter.“

Als er dem Jüngeren gegenüberstand, waren ihm alle schönen Worte entfallen, die er sich zurechtgelegt hatte, um Peter die ganze Geschichte zu erklären. Aus der geplanten Rede wurde ein Gestammel voll Scham und Reue.

Peter war über so viel Niedertracht entsetzt. Fast hätte er Karl hinausgeworfen.

„Was soll jetzt dieses Getue?“ fragte er sich. „Karl hätte sich alles früher überlegen sollen, dann wäre es nicht so weit gekommen. Er will mich jetzt nur einwickeln.“

Aber als Peter in die feuchten Augen seines Gegenüber sah, spürte er etwas von der Qual eines in Schuld verstrickten Herzens.

„Nein“, sagte er sich, „so darfst du ihn nicht gehen lassen. Wenn du auch in dieser Geschichte keine Schuld auf dich geladen hast, so gibt es doch andere Begebenheiten im Leben, in denen du schuldig wurdest. Und jede Schuld hat dir der Herr Jesus, auf deine Bitte hin, vergeben. Und so wie Er dir vergeben hat, hast du, als Sein Nachfolger, auch zu vergeben.“

Als Karl wieder gehen wollte, trat Peter auf ihn zu und reichte ihm die Hand.

Da trat ein Leuchten in Karls Augen. Er hatte die Liebe erfahren, die Böses nicht mit Bösem vergilt.

Karl blieb dann noch bei Peter. Beide saßen lange zusammen und unterhielten sich, wie sie sich in all den Jahren, in denen sie nebeneinander in der Fertigmontage des Betriebes standen, noch nie unterhalten hatten. Peter erzählte davon, wie er zum Heiland gefunden, die Vergebung seiner Schuld erfahren und dadurch zur Sinnerfüllung seines Lebens gefunden hatte.

Als Karl sich schließlich verabschiedete, merkte er, daß in ihm eine Veränderung vorgegangen war. Alt werden war für ihn nun keine Schande mehr, sondern Fügung und Gnade.

Am anderen Morgen war Karl bei dem Abteilungsleiter und erzählte ihm alles. Obwohl Brosius unwillig den Kopf schüttelte, konnte er doch seine Freude nicht ganz verbergen.

„So", sagte er, und auch hierbei gelang ihm der angeschlagene geschäftliche Ton nicht ganz, „jetzt werde ich Peter natürlich wieder einstellen. Ihnen, Karl, bleibt aber nichts anderes übrig, als in eine andere Abteilung zu gehen."

Karl nahm den Vorschlag an. Als er am Abend nach Hause ging, war er aus Qual und Schmerz durch Erkenntnis und Handeln zu einer gewissen inneren Ruhe gekommen.

Doch Karl mußte noch lernen, die Frage der Schuld im Blick auf die Ewigkeit zu sehen. Der entscheidende Schritt zu dem Herrn Jesus und damit zur Erlösung und zum bleibenden Frieden des Herzens fehlte noch.

*„Die Liebe ist langmütig, ist gütig."*

*1. Korintherbrief 13, 4*

# Iris und Falko

Wieder lief Iris Bender ans Wohnzimmerfenster und sah die Straße entlang. Doch auch diesmal war von ihrem Mann nichts zu sehen. Bedrückt und ungehalten starrte sie nach draußen.

„Bestimmt sitzt er wieder in der Kneipe und läßt sich vollaufen“, mußte sie denken. „Heute wirst du nicht schweigen, wenn er heimkommt. Heute wirst du ihm gehörig Bescheid sagen“, nahm sie sich vor.

Während sie wieder zur Küche ging, sagte sie verärgert, so als hätte sie ihren Mann vor sich: „Es muß Schluß sein mit der Kneipensitzerei! So kann es nicht mehr weitergehen, sonst werden wir uns beide kaputtmachen, du mit dem Alkohol und ich mit dem Kummer.“

Plötzlich hielt Iris inne mit der Küchenarbeit, während sie verbittert die Lippen zusammenpreßte. Nein, sie hatte keine Lust mehr, ein richtiges Abendessen zuzubereiten.

Wozu auch! Sie würde ja doch wieder allein am Tisch sitzen, und dafür lohnte sich der ganze Aufwand nicht. Ihr reichte ein Käsebrot. Im übrigen war ihr bereits der Appetit vergangen. Es war einfach zuviel, was Falko sich leistete. Sie konnte es nicht länger ertragen. Die Abende, an denen er im letzten Jahr nach Betriebsschluß sofort nach Hause gekommen war, konnte sie an den Fingern abzählen.

Und wie so oft in letzter Zeit kreisten ihre Gedanken wieder um die Frage: Weshalb ist Falko so geworden?

Natürlich fand sie auch jetzt keine endgültige Antwort. Bestimmt kam Falko nicht darüber hinweg, daß nicht er die Stelle als Maschinenführer bekommen hatte, sondern ein Kollege, der erst vor kurzem in den Betrieb gekommen war. Eine Bekannte hatte sie auf diesen Gedanken gebracht.

Bei einem Plausch auf der Straße hatte die Frau gemeint: „Na, aus Falkos Plänen ist nun doch nichts geworden. Es ist anders gekommen, als er kurz nach der Beförderung meines Mannes erzählte. Damals meinte er ja, auch er würde aufsteigen und Maschinenführer werden. Jetzt wird er wohl bleiben, was er ist."

Iris hatte sich über den überheblichen Ton der Bekannten geärgert. Sie hatte nichts darauf gesagt. Warum sollte sie sich rechtfertigen? Sie liebte Falko auch so, und das hing nicht von einer Beförderung ab. Dies wollte sie ihm auch sagen, weil sie den Eindruck hatte, daß er um das Gerede in seinem Bekanntenkreis wisse und darunter leide. Oft war er nämlich gereizt und saß nach Feierabend zu Hause herum, als schäme er sich, unter die Leute zu gehen.

Doch als sie ihn darauf angesprochen hatte, hatte er eine wegwerfende Handbewegung gemacht, als wollte er sagen: Das ist nicht dein Ernst, das sagst du nur so, um mir über die Enttäuschung hinwegzuhelfen. Über seine Lippen kam jedoch: „Nein, nein, diese Sache läßt mich kalt. Ich weiß auch so, wer ich bin."

Trotzdem war er weiterhin bedrückt geblieben und hatte oft nur ausweichende Antworten gegeben, wenn sie das Gespräch mit ihm suchte.

Dann war er eines Abends nach Hause gekommen und hatte von einem Kollegen namens Lehnert erzählt, mit dem er sich gut verstehe. Tage später hatte er wieder von ihm gesprochen und davon, daß er ebenfalls im Betrieb übergangen worden sei und nicht den ihm zustehenden Posten erhalten habe. Sie beide hätten sich nun zusammengeschlossen.

Iris wurde traurig, als sie das hörte, denn dann hatte Falko ihr vor Tagen nicht die Wahrheit gesagt. Sie erinnerte ihn aber nicht daran, weil sie ihm die gute Stimmung nicht verderben wollte. Zuletzt konnte sie sich sogar mit ihm freuen, daß er einen Gleichgesinnten gefunden hatte. Sie hoffte nämlich, daß er sich dadurch wieder fangen würde. Doch das geschah nicht, zumindest nicht so, wie Iris gedacht hatte.

Tage danach war er viel später als sonst von der Arbeit zurückgekommen und hatte nach Alkohol gerochen. Auf ihren fragenden Blick hin sagte er nur unwillig: „Ich habe mit Lehnert einen gefeiert."

Obwohl Iris das nicht recht war, schwieg sie und dachte: „Na ja, sollen sie mal feiern."

Doch es blieb nicht bei dem einen Mal. Immer häufiger kam Falko später nach Hause. Einmal hatte er mit Lehnert noch etwas besprochen, dann waren es Überstunden, aber meistens hatte er mit Lehnert noch einen getrunken. Schließlich kamen ihr Bedenken, aber Falko hatte sie zerstreut, und Iris hatte sich nur zu gern beruhigen lassen. Inzwischen war es nur noch die Ausnahme, wenn er von der Arbeit sofort nach Hause kam. Damit wollte sie sich aber nicht mehr zufrieden geben. Sie war nämlich sicher, daß es noch schlimmer kommen werde, wenn alles so weiterlief wie bisher.

Gerade als sich Iris zu Bett legen wollte, tauchte Falko vor dem Haus auf. Er hatte Mühe, die Tür aufzuschließen, und sie wußte, daß er wieder betrunken war. Wenn sie nicht so traurig gewesen wäre, hätte sie über sein komisches Bemühen, die Haustür zu öffnen, lachen müssen. So aber wuchs ihr Ärger.

Trotzdem fiel sie nicht sofort über ihn her, als er schließlich in den Flur wankte. Sie wollte in Ruhe mit ihm reden und bezwang sich. Doch zum Reden kam sie nicht.

Als er sie sah, begann er, in der Aktentasche zu kramen, und brachte schließlich eine große Schachtel Pralinen zum Vorschein.

„Schatz, ich hab dir was mitgebracht", lallte er mit schwerer Zunge. „Schau her, deine Lieblingssorte. Siehst du, ich hab' dich nicht vergessen. Das ist doch schön von mir, nicht wahr!"

Ja, sonst hätte sich Iris über die Pralinen gefreut. Aber jetzt? Sein Verhalten stieß sie ab. Wie konnte sie ihm schonend beibringen, was in ihr vorging? Als sie noch nichts sagte, schaute er sie an und bemerkte, daß sie schon zu Bett gehen wollte. Da fiel ein düsterer Schatten auf seine Züge, und vorwurfsvoll fragte er: „Willst du dich in die Klappe hauen, jetzt, wo ich heimgekommen bin? Ich dachte, wir könnten uns noch einen schönen Abend machen!"

„Dann hättest du früher kommen müssen", rutschte es Iris heraus. „Ich habe schon stundenlang allein hier gesessen und auf dich gewartet. Jetzt bin ich müde. Mir steht der Kopf nicht mehr nach einem schönen Abend."

Falko fühlte sich ungerecht behandelt und brüllte los, daß es durch das Haus schallte. Erschrocken lief Iris ins

Schlafzimmer und schloß das Fenster. Doch das veranlaßte ihn, noch lauter zu werden.

Mit sich überschlagender Stimme schrie er: „Willst wohl nicht haben, daß die Nachbarn was erfahren? Willst wohl weiter die feine Dame spielen, was? Ich werde schon dafür sorgen, daß es herauskommt, was ich für ein nobles Weibsstück geangelt habe!"

Abrupt wandte sich Iris ab, lief wieder ins Schlafzimmer und warf die Tür hinter sich zu. Sie ließ sich aufs Bett fallen und begann laut zu weinen. Ihr war, als müßte ihr das Herz zerspringen.

Doch sie blieb nicht lange allein. Falko polterte in das Zimmer und tobte in unverminderter Lautstärke weiter: „Bild dir bloß nicht ein, daß du mich mit der Heulerei weich kriegen könntest. Wasserfälle ziehen bei mir nicht. Das müßtest du wissen. Wenn in dir noch ein Funke Liebe zu mir in dir ist, dann beweise das jetzt!"

Iris hätte ihm am liebsten das gleiche gesagt. Doch sie bezwang sich. Sie wollte alles vermeiden, was er als einen erneuten Angriff gegen sich ansehen könnte und die Auseinandersetzung nur noch verlängern würde. Mühsam erhob sie sich. Das Herz war ihr schwer, als sie mit ihm ins Wohnzimmer ging. Sie öffnete die Pralinenpackung, bot ihm eine Praline an und nahm selbst eine. Aber sie fand keinen Genuß daran und hatte Mühe, sie hinunterzuschlucken.

Das allerdings bemerkte Falko nicht, zum Glück nicht. Sonst hätte er wieder getobt. So aber meinte er, daß sie sich über seine Aufmerksamkeit freue, und wurde merklich ruhiger. Wenig später war er in seinem Sessel eingeschlafen. Unter größter Anstrengung brachte Iris ihn zu Bett. Dann legte auch sie sich und weinte schluchzend in die Kissen.

„Gott, wenn es Dich wirklich gibt, dann siehst Du, was hier los ist", wimmerte sie und krampfte die Hände vor der Brust zusammen. „Bitte, mach damit ein Ende. Ich halte das nicht mehr aus.“

* * *

Als das erste Morgenlicht durch die schmalen Ritzen im Rolladen drang, hatte Iris nur wenig geschlafen. Mit schweren Beinen erhob sie sich, weckte ihren Mann und half ihm, aus dem Haus und an die Arbeit zu kommen. Die Auseinandersetzung vom Abend erwähnte sie mit keinem Wort. Iris hatte aber den Eindruck, daß sich Falko insgeheim schäme. Das gab ihr neue Hoffnung und die Kraft, ihn zu entschuldigen als sie später von einer Nachbarin gefragt wurde, warum ihr Mann so ärgerlich geschrien habe.

„Ach“, meinte Iris, „er hat mal seinem Herzen Luft gemacht. So was gibt es ja bei jedem Mann. Falko ist im Augenblick unzufrieden mit seiner Arbeit. Es ist ja auch schlimm, was im Betrieb geschieht. Die Leute werden dort sehr ungerecht behandelt.“

„Ja, ja“, nickte die Nachbarin, und Iris merkte, daß sie ihr nicht glaubte. Iris hatte das Gefühl, daß die Nachbarin mehr wußte, als sie sagte.

Diese Beobachtung gab ihr einen Stich. Nein, als Lügnerin wollte sie in der Nachbarschaft und im Bekanntenkreis nicht angesehen werden. Da mußte etwas geschehen. Falko mußte sich ändern. Er sollte wieder so werden wie früher und ein Leben führen, daß niemand in ihrer Umgebung etwas an ihm aussetzen konnte. So wollte sie weiter auf ihn einwirken, auch wenn es ihr am Vorabend nicht gelungen war.

Ihren Entschluß setzte Iris auch in die Tat um. Doch irgendwann mußte sie enttäuscht feststellen, daß ihr Bemühen vergeblich war. Immer wenn sie meinte, einige Schritte mit Falko vorangekommen zu sein, gab es einen um so kräftigeren Rückschlag. Widerstrebend mußte sie sich eingestehen, daß es statt besser nur noch schlimmer mit ihm geworden war.

Ihr gegenüber wurde er immer ausfälliger. Hin und wieder war er morgens nicht in der Lage, zur Arbeit zu gehen. Doch sie brachte es nicht fertig, der Wahrheit ans Licht zu verhelfen. Sie wollte nicht, daß die Leute erfuhren, wie unglücklich sie war. Außerdem meinte sie, es würde Falkos Ansehen schaden, wenn sie ehrlich wäre. Sie fürchtete, ihm dadurch den Weg zur Umkehr endgültig zu verbauen. Das aber wollte sie nicht, weil sie ihn noch immer liebte.

Und so nahm sie ihn immer wieder in Schutz, spielte sein Fehlverhalten herunter und war sogar bereit, im Betrieb anzurufen und ihn krank zu melden, wenn er mal wieder nicht zur Arbeit gehen konnte.

In dieser Zeit kam ihr manchmal der Gedanke, daß ihr Mann Alkoholiker sein könnte, doch sie verdrängte das immer wieder. Sie wollte nicht wahrhaben, was nicht wahr sein durfte. Die Tatsache, daß er sein Versprechen, vom Alkohol zu lassen, ständig brach, führte sie eher auf Unaufrichtigkeit zurück. So versuchte sie dann, ihn auf Schritt und Tritt zu überwachen.

„Vielleicht gibt er seine Lügerei auf, wenn er jedesmal dabei erwischt wird“, dachte Iris.

Doch sie sollte sich getäuscht haben. Schließlich mußte sie feststellen, daß sie ihn mit ihrem Kontrollieren weder vom Lügen noch vom Alkohol abhalten konnte. Da erst stellte sie sich langsam der Tatsache, daß Falkos Verhalten die Folge eines unheimlichen Zwanges war, ausgelöst vom Alkohol. Seine Versprechen, sich zu bessern, waren in dem Augenblick, wo er sie gab, durchaus ernst gemeint. Aber ihm fehlte die Kraft, sie in die Tat umzusetzen. Jetzt erst war sie bereit, sich selber einzugestehen, daß Falko Alkoholiker war.

Davon sollte aber nichts nach draußen dringen. Doch auf Dauer konnte sie das nicht verhindern. Eines Abends wurde es für die gesamte Nachbarschaft offenkundig. Bei einem erneuten Versuch, auf Falko einzuwirken, geriet dieser so in Rage, daß er einen Teil der Kücheneinrichtung demolierte und Iris vor die Tür setzte.

Weinend stand sie in der Dunkelheit und wußte nicht mehr, wie es weitergehen sollte. Was war aus ihrer Ehe geworden? Ein einziger Scherbenhaufen! Und dabei hatte alles so schön begonnen. Falko und sie hatten sich so gut verstanden und wunderbar ergänzt. Lange Zeit war sie wirklich glücklich gewesen und hätte mit niemandem auf der Welt tauschen wollen. Heute jedoch war alles anders. Da beneidete sie ihre Nachbarinnen. Alle waren besser dran als sie. Und wodurch war das gekommen? Nur durch die Abhängigkeit vom teuflischen Joch des Alkohols. Wirklich, so stellte sich Iris den Teufel vor: Eine Macht, die Menschen in ihren Bann zog und dann all ihre Beziehungen und letztlich auch sie selbst kaputt machte. Das, so erinnerte sich Iris, hatte sie so ähnlich auch mal irgendwo gelesen. Da war der Teufel als Lügner und Mörder bezeichnet worden. Damals hatte sie das nicht verstanden. Heute aber verstand sie es dafür um so besser. Leider...

Nachdem Iris weinend, mit Gott und der Welt hadernd, eine ganze Zeit vor dem Haus auf und ab gegangen war, wurden Nachbarn auf sie aufmerksam. Besorgt sprachen sie Iris an. Zunächst wollte sie nicht mit der Sprache herausrücken. Dann aber sprudelte es aus ihr hervor. Es tat ihr richtig wohl, einmal alles auszupacken, was ihr Kummer machte. Und die Nachbarn erfuhren bis ins kleinste, was geschehen war.

Lange überlegten diese mit Iris, was geschehen könne. Schließlich versuchte Horst Wasner, mit Falko zu sprechen. Horst war dazu bereit, weil er sich gut mit Falko verstand. Nach einigem Hin und Her kamen beide auch in ein vernünftiges Gespräch, und zum Schluß war Falko damit einverstanden, daß Iris wieder ins Haus kam.

Dann standen sie sich im Flur gegenüber. Unsicher, fragend sahen sie einander an. Niemand wagte, etwas zu sagen. Die Spannung wuchs. Plötzlich begann Falko zu weinen. Tat ihm sein Handeln leid?

Auch Iris kamen die Tränen. Doch als Falko auf sie zukam und sie in die Arme nehmen wollte, wich sie zurück. Etwas in ihr war zerbrochen, und neue, fremde Empfindungen stiegen in ihr auf – Abneigung gegenüber Falko.

Er hatte sich auf eine Treppenstufe gesetzt. Das Schluchzen schüttelte ihn. Er kam sich unsagbar einsam und bedauernswert vor.

Endlich überwand sich Iris, ging auf ihn zu und nahm ihn in den Arm. Willig ließ Falko sich ins Wohnzimmer führen. Sie tat das weniger aus Mitleid, sondern wollte einem erneuten Wutausbruch vorbeugen. Sie fürchtete nämlich, er könnte wieder ausfällig werden, wenn sie ihn einfach auf der Treppe sitzen ließe.

Schwer war Falko in einen Sessel gesunken. Noch während er vor sich hinstarrte, kam ein freundliches: „Dankeschön“ über seine Lippen. Doch Freude und Hoffnung konnte er damit bei Iris nicht mehr auslösen.

In dieser Nacht fand sie wieder nur wenig Schlaf. Ihre widerstreitenden Gefühle rissen sie hin und her.

Am Morgen, als Falko das Haus verlassen hatte, ging ihr die Hausarbeit nur langsam von der Hand. Kaum hatte sie die Küche einigermaßen aufgeräumt, da stellte sich der erste Besuch aus der Nachbarschaft ein. Iris schien es, daß die Nachbarin weniger aus Anteilnahme als vielmehr aus Neugierde kam. Und das bedrückte sie nur noch mehr. Doch auch andere kamen, die ihr wirklich helfen wollten. In guter Meinung erteilten sie ihr so manchen Ratschlag, was sie mit Falko tun könne. Doch das half Iris nicht weiter, denn was ihr einsichtig erschien, hatte sie selbst schon ausprobiert – ohne Erfolg. Und die Entfremdung zwischen ihr und Falko war immer mehr gewachsen, je häufiger er betrunken war.

Am Nachmittag kam überraschend Iris' Bruder, dem ein Arbeitskollege angedeutet hatte, was am Abend vorher geschehen war. Die Anteilnahme tat ihr gut, aber was er ihr riet, machte ihre Unruhe nur noch größer: „Du, es hat wahrscheinlich keinen Sinn mehr mit Falko. Laß dich von ihm scheiden, bevor du ganz kaputt gehst. Du siehst schon ziemlich mitgenommen aus."

Traurig nickte Iris: „Dieser Gedanke ist mir nicht erst heute nacht gekommen. Bisher habe ich ihn immer weggeschoben, aber jetzt läßt er mich nicht mehr los. Je häufiger ich darüber nachdenke, um so einleuchtender erscheint mir das. Ein Ende mit Schrecken ist wahrscheinlich besser als ein Schrecken ohne Ende. Für mich ist es unvorstellbar, daß Falko noch einmal aus diesem Teufelskreis herauskommen kann. Ich bin mir fast sicher, daß er ein hoffnungsloser Fall ist."

In der folgenden Zeit sah Iris ihre Auffassung bestätigt. Insgeheim hoffte sie zwar, daß Falko nach dem schrecklichen Vorfall eine Enthaltsamkeitsphase einlegen würde, doch das geschah nicht. Er kam nach wie vor immer wieder betrunken nach Hause, unterließ es aber, sie anzugreifen. Sie gewann in den ersten Tagen sogar den Eindruck, daß er jetzt nur trinke, weil ihm ihr Hinauswurf und die Demolierung der Küche zu schaffen machte. Diese Beobachtung stimmte sie zwar etwas versöhnlicher, ließ sie aber weiter ihrem Entschluß nachgehen, sich von ihm zu trennen.

* * *

Dann geschah etwas, was Iris schon lange nicht mehr erlebt hatte. Falko tauchte eines Abends schon kurz nach Betriebsschluß zu Hause auf. Zunächst dachte Iris: „Ihm ist heute der Spaß verdorben worden, weil sein Zechkumpan Lehnert mal nicht mit in die Kneipe gehen konnte."

Doch als sich das gleiche auch an den folgenden Abenden wiederholte, wurde sie stutzig. War Falko wider Erwarten etwa doch der Absprung gelungen? Sie mochte es nicht glauben, weil er noch immer nach Alkohol roch, wenn er nach Hause kam. Auf der anderen Seite war er aber sehr lieb zu ihr. Er las ihr fast jeden Wunsch von den Augen ab und erfüllte ihn, wenn es ihm möglich war. Und wie er plötzlich im Garten arbeitete, unwahrscheinlich! Er wühlte, als müsse er alles aufholen, was er in der Vergangenheit versäumt hatte. Iris konnte sich in diesen Tagen keinen besseren Mann wünschen als ihren Falko.

Eines Abends, als er wieder im Garten rackerte, holte sie das Album mit den Hochzeitsfotos hervor und begann darin zu blättern. Bei so manchen Aufnahmen verweilte sie, und die Bilder wurden lebendig. Lange sah sie die Aufnahme an, die sie und Falko vor dem geschmückten Traualtar in der Kirche zeigte. –

Wie von fern her kamen ihr die Lieder, die damals gesungen wurden, wieder in den Sinn. Mit einem Mal hatte sie auch die Worte des Pastors im Ohr: „So frage ich nun dich, Iris Ziegler, vor Gott dem Allmächtigen, willst du den hier anwesenden Falko Bender als deinen Mann annehmen, in Freud und Leid zu ihm stehen, bis daß der Tod euch scheidet?" Und sie hörte sich laut und entschlossen antworten: „Ja!"

Bei dieser Erinnerung wurden ihr die Augen feucht, und Tränen rollten ihr über die Wangen. Ja, das war schön gewesen damals, sehr ergreifend. Doch, wie stand es um das Versprechen, das sie vor Gott und den Hochzeitsgästen gegeben hatte – damals? Ehrlicherweise mußte sie zugeben, daß sie es nur zum Teil erfüllt hatte. Als Falko noch nichts mit dem Alkohol zu tun hatte, ja, da hatte sie zu ihm gestanden. Aber was war das schon Besonderes! Wenn es einem gut ging, dann war das ja leicht! Ganz anders aber, wenn große Probleme kamen, so wie jetzt mit Falko. Brauchte er sie nicht gerade jetzt am meisten? Jetzt durfte sie ihn nicht im Stich lassen, sie durfte nicht die Scheidung einreichen. Sie hatte versprochen, nicht nur in Zeiten der Freude zu ihm zu stehen, sondern auch im Leid. Und jetzt war das Leid da, das gemeinsam getragen werden mußte.

Iris war in diesem Augenblick froh, daß sie noch nicht mit Falko über eine Scheidung gesprochen hatte. Als sie dann ihrem Bruder und einigen Bekannten, die ihre Absicht kannten, von ihrem neuerlichen Entschluß erzählte, stieß sie auf viel Unverständnis. Manche zweifelten, ob sie bei ihrer jetzigen Entscheidung bleiben würde. Alle waren sich darin einig, daß Iris einer plötzlichen Gefühlswallung erlegen sei.

„Bilde dir nur nicht ein, daß es bei Falko so bleibt wie im Augenblick“, wurde ihr gesagt. „Wir haben schon mehr Alkoholiker erlebt. Die Phasen, in denen sie sich vor Liebenswürdigkeit fast umbrachten, gingen schnell vorüber. Dann kam es wieder um so schlimmer. Auch bei deinem Falko wird es nicht anders sein, glaub es. Dein jetziger Entschluß wird dir noch bitter leid tun. Du wirst daran kaputtgehen.“

Insgeheim rechnete auch Iris damit, daß Falko wieder umkippen werde, aber sie ließ sich nicht umstimmen. Sie blieb bei ihrem Entschluß. Wenn er sein Wort brach und wieder trank, dann war das seine Sache, dann mußte er das auch verantworten. Sie jedenfalls wollte ihr Versprechen, das sie damals bei der Trauung gegeben hatte, nicht brechen. – Im übrigen, so fiel ihr ein, hatte sie einmal gelesen, daß Jesus Seine Treue nicht aufhob, wenn die Menschen untreu wurden, und daß die, die Christen sein wollten, ebenso handeln sollten.

* * *

Wie die Verwandten und Bekannten vorausgesagt hatten und wie Iris selbst befürchtete, so kam es auch – schon nach gar nicht allzu langer Zeit. Falko kehrte eines Abends nicht pünktlich von der Arbeit zurück. Und als er endlich vor der Haustür erschien, hatte er wieder Mühe, das Schlüsselloch zu finden. Von da an kam die wohlbekannte und leidige Geschichte wieder ins Rollen mit all den schmerzlichen Begleiterscheinungen für Iris.

Eher als ihr lieb war, erfuhren auch Verwandte und Bekannte davon. Sie sahen sich in ihrer Beurteilung bestätigt. Iris wurde nun sehr aufmerksam beobachtet und jeder Schritt mit passenden und unpassenden Bemerkungen bedacht.

Einige meinten: „Das wird sie nicht lange durchhalten. Sie wird ihren Entschluß schon bald über den Haufen werfen und sich doch scheiden lassen."

Aber sie sollten sich getäuscht haben. Iris blieb standhaft, so schwer es ihr auch fiel.

Im Lauf der Zeit war bei denen, die Iris kannten, ein Umdenken zu beobachten. Sie begannen, mit Hochachtung von ihr zu reden. „Das, nein, das hätten wir ihr nicht zugetraut", meinten sie. „Das ist ja eine ganz große Leistung, diesen Mann und all diese Scherereien zu ertragen. Man muß einfach den Hut vor ihr ziehen."

Das sprach sich auch bis zu Iris durch, und es tat ihr unbeschreiblich wohl. Zum ersten Mal seit langer Zeit hatte sie das Gefühl, wieder jemand zu sein. Bisher war sie nie den Verdacht losgeworden, von oben herab, eben als die Frau eines Alkoholikers, angesehen zu werden, auch wenn man ihr freundlich zulächelte. Diese Anerkennung aber, die ihr jetzt zuteil wurde, gab ihr Kraft, standhafter zu bleiben. Sie wuchs über sich hinaus und versah jetzt auch die Rolle des Haushaltungsvorstandes, weil Falko dazu nicht mehr in der Lage war. Und je selbständiger Iris wurde, um so mehr Anerkennung fand sie.

Zwischendurch gab es natürlich immer wieder Tiefpunkte zu durchstehen. Sie ergaben sich meistens dann, wenn Iris besondere Schwierigkeiten mit Falko hatte und kein Lob an ihre Ohren drang. Zunächst kam sie sich in solchen Situationen hilflos vor, und mehr als einmal drängte sich ihr der Gedanke auf: Lauf weg, so weit dich deine Füße tragen.

* * *

Dann, als sie wieder einmal alles sinnlos fand, überwand sie sich und schüttete vor einer Freundin ihr Herz aus. Als sie, allen Schwierigkeiten zum Trotz, am Schluß aber dennoch versicherte, daß sie ihren Mann nicht verlassen werde, zeigte ihre Freundin unverhohlen ihre Bewunderung, die Iris sehr wohltat. Von da an suchte sie ihre Freundin noch häufiger auf, vor allen dann, wenn der Kummer wegen Falko und die Schwierigkeiten zu Hause zu groß wurden. Und jedesmal faßte sie neuen Mut, weil ihr die Freundin die erwünschte Anerkennung nicht versagte.

Vielleicht wäre das noch lange so gegangen, wenn Falko nicht eines Tages im Betrieb randaliert hätte. Kurz darauf bat der Chef Iris um ein Gespräch. Er erklärte ihr, daß er entschlossen sei, jetzt hart durchzugreifen.

„Ich habe Ihren Mann vor die Wahl gestellt", so sagte er zum Schluß, „entweder eine Entziehungskur – oder die

Kündigung. Er hat sich für eine Kur entschieden und meinte, daß Sie ihm helfen würden, einen Platz zu finden."

Schon am nächsten Tag nahm Iris die Sache in die Hand. Selbstverständlich war sie dafür, daß Falko zur Kur kam, und jetzt begann sie wieder zu hoffen, daß er doch noch frei werden könnte. Aber wo sollte sie einen Platz für ihn finden? Sie wußte nicht, wo es solche Häuser gab und wie man dort aufgenommen werden konnte.

Nach einigem Nachdenken fiel ihr Oskar Warnke ein, ein entfernter Bekannter, der auch einmal mit dem Alkohol zu tun gehabt hatte und durch eine Kur frei geworden war.

„Den, ja, den könnte ich fragen", dachte Iris.

Sie entsann sich weiter, daß Oskar nach seiner Befreiung auch einen Verein ins Leben gerufen hatte. Wie der hieß, wußte sie nicht. Es sollte dort nur ziemlich fromm zugehen. Bei dieser Erinnerung schwand ihre Lust, sich mit Oskar in Verbindung zu setzen.

Gewiß, sie hielt sich auch für eine Christin, sie betete ab und zu und las auch hin und wieder in einem Andachtsbuch, wenn ihr danach zumute war. Aber von allem, was ihr zu fromm erschien, hielt sie nicht viel und wollte damit auch nichts zu tun haben. Darum zögerte sie den Besuch bei Oskar immer wieder hinaus.

Dann traf sie ihn eines Tages im Lebensmittelmarkt. „Oskar, ich muß mal mit dir reden, wegen Falko, du weißt ja."

Sie vereinbarten einen Gesprächstermin, dem noch bald weitere folgten – sowohl bei Oskar wie auch bei Benders, Gespräche mit Iris allein und zusammen mit ihrem Mann. Schließlich vermittelte Oskar die Kontakte zur Suchtberatungsstelle wegen der nötigen Anträge für Falkos stationäre Behandlung und lud die beiden ein, zu der Gesprächsgruppe des von ihm gegründeten Vereins zu kommen.

In den Wochen und Monaten, als sie zuerst auf die Genehmigung der Kur und dann auf ihren Beginn warteten, erfuhren sie Näheres über den Alkoholismus und die Fachkliniken für Alkoholkranke, sie sahen und hörten, daß noch überraschend viele andere Ehen und Familien unter dem Alkoholismus litten – und daß es Wege gab, davon freizukommen. Nach und nach lernte Iris, auch ihre Vorbehalte gegenüber dem Frommsein abzubauen, als ihr aufging: Es geht ja nicht darum, besser sein zu wollen als andere, sondern darum, im Alltag mit Gott zu leben.

Deshalb war Iris dann auch ganz zuversichtlich, als Falko sich von ihr verabschiedete, um zur Fachklinik zu fahren. Der Druck, der in den letzten Monaten auf ihr gelegen hatte, fiel langsam ein wenig von ihr ab.

* * *

Als sie Falko nach sechs Wochen zum ersten Mal besuchen konnte, stellte sie fest, daß auch er wieder gelassener reagierte und zuversichtlich in die Zukunft blickte. Stolz zeigte er ihr seine Tonarbeiten, die er in der Arbeitstherapie angefertigt hatte, und erzählte ihr von den Gesprächen mit dem Therapeuten, durch die er sich selber und auch den Glauben ganz anders sehen gelernt hatte.

Als Falko nach sechs Monaten wieder nach Hause kam, war er anders geworden. Er freute sich auf seine Arbeit und seine Kollegen und schien es überwunden zu haben, daß damals nicht er, sondern ein anderer befördert worden war. Alkohol war für ihn kein Thema mehr. Er mied ihn und sprach, wo es erforderlich war, ganz selbstverständlich davon, daß er als jetzt trockener Alkoholiker keinen Alkohol mehr trinken werde. Skeptisch hörten das Freunde und Verwandte, sie glaubten ihm das nicht recht. Doch nach und nach ließen sie sich davon überzeugen, daß mit Falko etwas grundlegend anders geworden war, daß er frei geworden war und nicht mehr trinken mußte.

„Falko, wir freuen uns mit dir, daß du es geschafft hast", hörte er immer häufiger. Hatte ihn sonst ihre Ablehnung verletzt, so tat ihm jetzt ihre Anerkennung wohl. Auch Iris freute sich darüber, daß Falko wieder angenommen wurde.

„Das", so meinte sie, „ist eine wesentliche Voraussetzung dafür, daß er nicht wieder rückfällig wird. Denn fände er überall nur Ablehnung, würde er sich bald wieder zu seinen früheren Kumpanen gesellen."

Doch als Benders wieder einmal Besuch erhielten und man, wie so oft in der letzten Zeit, Falko bewunderte, weil er es geschafft hatte und frei geworden war, entdeckte sie bei sich eine eigenartige Reaktion. Zum ersten Mal wurde ihr bewußt, daß sie sich eigentlich gar nicht mehr richtig mitfreute, wenn Falko so gelobt und bewundert wurde. Sie schimpfte sich einen Dummkopf und sagte sich, daß sie überhaupt keine Veranlassung hatte, mißmutig zu sein. Doch das half auch nichts, und ihr wurde immer schwerer zumute. Sie wunderte sich über sich selbst, weil sie aufatmete, als die Gäste endlich gingen.

„Was hast du?" fragte Falko, dem das eigenartige Verhalten seiner Frau nicht entgangen war.

Iris gab nur ausweichende Antworten, weil sie sich selber nicht verstand. Schließlich bat sie darum, die Sache zunächst ruhen zu lassen.

Falko ging darauf ein und schwieg. Aber deshalb ruhte die Sache doch nicht, zumindest nicht bei Iris. In ihr bohrte es immer weiter. Und dieses Bohren wurde um so stärker, je mehr in der Folgezeit voller Hochachtung von Falko gesprochen wurde.

Schließlich wußte sich Iris keinen Rat mehr und suchte Oskar Warnke auf, dessen Gruppenstunden sie und Falko inzwischen regelmäßig besuchten. Sie sprach mit Oskar über ihre Empfindungen, die damit verbundenen Überlegungen und fand in Oskar einen aufmerksamen und verständnisvollen Zuhörer.

Schließlich meinte er: „Wenn ich das richtig sehe, hat bei euch ein Rollentausch stattgefunden. Anfangs wurdest du bewundert, jetzt wird dein Mann bewundert. Könnte es nicht sein, daß deine Unzufriedenheit damit zusammenhängt, daß du mit dem Rollentausch nicht fertig wirst?"

„Nein, nein! Das ist unmöglich!" wehrte Iris ab. „Das würde ja bedeuten, daß ich meinem Mann die Anerkennung mißgönne. Ich bin doch nicht neidisch auf ihn! Ich bin doch selber froh, daß er frei geworden ist."

„Nun ja, es war nur eine Überlegung von mir", entgegnete Oskar. „Ich wollte auch nur einen kleinen Gedankenanstoß geben. Ich möchte dich bitten, diesen Gedanken nicht völlig beiseite zu schieben. Geh ihm zu Hause noch mal nach, auch wenn er dir im Augenblick vollkommen absurd erscheint. Auf jeden Fall sollten wir weiter miteinander über deine Situation sprechen."

Mit der Zusage, sich bei ihm zu melden, sobald sie mit ihren Gedanken weitergekommen sei, verabschiedete sich Iris.

Diese Zusage hielt sie allerdings nicht, weil sie zu einem Ergebnis kam, das ihrer Meinung nach niemand erfahren durfte. Ihr ging nämlich auf, daß Oskar recht hatte. Sie war tatsächlich nur deshalb so niedergeschlagen, weil nicht mehr sie, sondern Falko plötzlich immer im Mittelpunkt stand.

„Und wenn ich das preisgebe", meinte Iris, „wird das keiner verstehen. Obendrein wird man die Nase über mich rümpfen, weil ich so egoistisch bin und keinem anderen als nur mir selber Anerkennung gönne. Nein, das behalte ich für mich. Irgendwann werde ich es schon unter die Füße kriegen."

Und so quälte sich Iris weiter, bis sie eines Tages eine Meinungsverschiedenheit mit Falko hatte. Es ging nur um eine Kleinigkeit. Falko wußte nicht, wie ihm geschah, als Iris unvermittelt losschimpfte:

„Ja, mir ist längst klar, daß ich dir und allen Leuten jetzt vollkommen gleichgültig bin. Ich habe ja meine Schuldigkeit getan. Jetzt werde ich ja nicht mehr gebraucht. Damals, als du im Dreck stecktest, da war ich gut genug dazu, daß ich mich um dich kümmerte. Aber jetzt, jetzt ist das längst vergessen. Und das finde ich gemein von dir und allen anderen, hundsgemein sogar!"

Falko war über diesen Ausbruch so erschrocken, daß er nur zusammenhanglose Worte stottern konnte. Er versicherte Iris, daß er sie noch immer liebe, mehr sogar als zu Beginn ihrer Ehe.

Dafür hatte sie nur ein verächtliches Lächeln. Aufgebracht ging sie über alles hinweg, was Falko auch immer sagte. Ihn wiederum machte sehr traurig, daß ihm kein Vertrauen geschenkt wurde, obwohl er es aufrichtig meinte. Schlimm wurde es, als sich Iris auch in den folgenden Tagen von ihrem Standpunkt nicht abbringen ließ.

Falko griff diesmal aber nicht zur Flasche. Zu abschreckend stand noch seine Vergangenheit vor ihm. Er wußte, daß die Kraft, die vom Alkohol ausging, nach unten zog, bis zum persönlichen Ruin. Und dahin wollte er nicht mehr. Zum Glück hatte er jetzt auch die andere Kraft erfahren, die von Gott ausgeht, die nicht niederdrückt, sondern aufbaut. Und diese Kraft wollte er nun in Anspruch nehmen. Er betete um eine Lösung des entstandenen Problems. Doch die konnte er nirgends entdecken. Langsam begann er sich zu fragen, wo denn Gottes Kraft hier blieb. Glaubensanfechtungen stellten sich ein.

Wie gut war es da, daß er die Kontakte in Oskars Gruppe hatte! Hier sprachen die Menschen über sich und ihre Probleme. Sie hörten aufeinander und suchten miteinander, Dem zu folgen, der Himmel und Erde geschaffen und Seinen Sohn gegeben hatte.

Zum ersten Mal meinte Falko, das Wort Jesu in seiner ganzen Tiefe zu verstehen: „Glückselig, die nach der Gerechtigkeit hungern und dürsten, denn sie werden gesättigt werden." – Und er vertraute sich Oskar an, dem Leiter der Gruppe.

Schon nach wenigen Sätzen nickte er verstehend. Was Falko berichtete, paßte genau zu dem, was ihm während des Gesprächs mit Iris aufgefallen war, und er wußte nun, weshalb sie kein weiteres Gespräch mit ihm gesucht hatte. Ihr war offensichtlich aufgegangen, daß sie sich nicht richtig verhielt, und dazu wollte sie wohl nicht stehen. Aber durch die jüngste Reaktion gegenüber ihrem Mann hatte sie sich verraten. Diese Überlegungen teilte Oskar seinem Besucher aber nicht mit, auch nicht, daß Iris vor einiger Zeit bei ihm gewesen war. Er versuchte nur, Falko einige Zusammenhänge deutlich zu machen, und beriet mit ihm eine Lösung.

Zuversichtlich verabschiedete sich Falko. Er war überzeugt, jetzt einen gangbaren Weg gefunden zu haben. Dabei hatte ihm Oskar geholfen, indem er das Wort der Bibel zur Grundlage machte.

* * *

Etwa eine Woche später meldete sich bei Benders erneut Besuch an. Iris stimmte zu, obwohl ihr nach Besuch nicht zumute war. Sie wußte, wie es bei solchen Anlässen in der Vergangenheit zugegangen war, und fürchtete, daß es diesmal wieder so sein würde: Kurze Begrüßung, Reden über das Wetter und dann Lobeshymnen auf Falko. Und davor graute ihr. War sie denn wirklich so überflüssig geworden, daß man kein anerkennendes Wort mehr für sie fand?

Als die Gäste erschienen, hatte Iris Mühe, ein freundliches Gesicht zu zeigen, was Tante Margot und Onkel Henner aber nicht bemerkten. Sie ließen sich unbeschwert plaudernd ins Wohnzimmer führen und nahmen Platz. Kurze Zeit später begannen sie, wie Iris vermutet hatte, über Belanglosigkeiten und über das Wetter zu reden.

Als sich immer längere Pausen einstellten, begann Iris, unruhig zu werden. „Jetzt wird das andere kommen", mußte sie denken. „Jetzt werden sie ihre Lobgesänge über Falko anstimmen. Wenn sie damit beginnen, werde ich aufstehen und das Zimmer verlassen. Heute lasse ich das nicht mehr über mich ergehen. Ich brauche mich im eigenen Haus nicht von anderen quälen zu lassen."

Aufmerksam beobachtete Iris den Besuch, als wieder eine längere Pause entstand. Plötzlich schlug Onkel Henner dem neben ihm sitzenden Falko aufs Knie und erklärte: „Also, alter Junge, ich muß schon sagen – um auf ein anderes Thema zu kommen –, es ist schon großartig, daß wir jetzt so zusammensitzen können. Das wäre ja früher..."

In diesem Augenblick schob Iris ihren Sessel zurück, erhob sich und verließ mit resoluten Schritten das Zimmer.

Tante Margot und Onkel Henner sahen Falko fragend an. Irgend etwas schien nicht zu stimmen.

Falko ahnte, weshalb Iris gegangen war, und entschuldigte sie: „Vielleicht hat sie draußen noch etwas zu erledigen."

Das war für den Onkel einleuchtend, und auch die Tante schien nach einem nochmals fragenden Blick zu Falko zufrieden zu sein.

„Ja, also“, nahm Onkel Henner das Gespräch wieder auf, „es ist schön, daß wir wieder so mit dir zusammensitzen können. Noch vor einiger Zeit wäre das undenkbar gewesen. Es ist wirklich eine tolle Leistung, die du da vollbracht hast. Mit einem Satz: Man muß den Hut vor dir ziehen.“

Falko erinnerte sich an das Gespräch mit Oskar und schüttelte den Kopf.

„Na, ist es vielleicht nicht so?“ erkundigte sich Onkel Henner erstaunt.

„Nein“, entgegnete Falko bestimmt.

„Komm, alter Junge, nun hör aber auf“, fuhr der Onkel fort und schlug Falko erneut aufs Knie. „Es ist zwar nicht schön, wenn man zu sehr protzt. Aber man braucht sein Licht auch nicht unter den Scheffel zu stellen. Und das tust du jetzt. Es klingt ja lächerlich, wenn du sagst: Ich bin frei geworden, aber es ist nicht meine Leistung.“

„Und doch ist es so“, beharrte Falko.

Onkel Henner und Tante Margot sahen sich an und lachten, als sei Falko nicht ganz ernst zu nehmen.

Falko ließ sich jedoch nicht beirren und erklärte: „Meine Leistung wäre es, wenn ich selbst die Kraft aufgebracht hätte, von der Flasche wegzukommen. Aber das war nicht der Fall. Ich hatte die Kraft nicht. Ich nahm mir zwar oft vor, nicht mehr zu trinken, weil ich es wirklich nicht mehr wollte. Aber es ging immer nur einige Tage gut, dann griff ich wieder zur Flasche und schluckte nicht selten um so mehr. Richtig anders wurde es erst, als ich in die christliche Fachklinik kam. Da haben mir viele Menschen geholfen, daß mir die Augen über mich selber aufgingen, so der Therapeut und die anderen Patienten in meiner Gruppe. Vor allen Dingen aber wurde mir Jesus Christus, der Sohn Gottes, nahegebracht. In Ihm lernte ich zum erstenmal jemand kennen, der mich nicht überfordert. Ich mußte nicht erst große Anstrengungen machen, ich mußte nicht erst wer sein, um bei Ihm Anerkennung zu finden. Er hat mich so angenommen wie ich war. Meine Schuld hat Er mir nicht vorgehalten, sondern vollkommen vergeben. Ich fühlte, daß ich von ihm geliebt wurde – und auch von denen, die mich dort umgaben.

Eine weitere Befreiung für mich war die Entdeckung, daß ich es plötzlich nur noch Einem recht zu machen brauchte und nicht mehr hundert anderen. Und dieser Eine, der war anders als die hundert anderen, auf Ihn war Verlaß, Er änderte seine Meinung nicht, er band sich an Sein Wort, Er gab es mir sogar schwarz auf weiß, nämlich die Bibel. Er hat mir eine Kraft gegeben, die ich nicht beschreiben kann, die mir aber Boden unter die Füße gab, die die Leere in mir ausfüllte, die mich ganz einfach glücklich machte, und der Zug zur Flasche schwand. Versteht ihr nun, weshalb ich behaupte, daß es nicht meine Leistung ist, daß ich frei wurde?"

Onkel Henner setzte ein unbestimmtes Lächeln auf, womit er zeigte, daß er Falko für überspannt hielt und nicht darüber reden wollte. Tante Margot dagegen meinte: „Wir sollten die Sache ganz einfach so stehen lassen. Es kann ja möglich sein, daß es so ist, aber wir können da nicht mitreden. Uns fehlt eben die Erfahrung."

Falko nickte kurz und ließ die Sache stehen. „Der Vollständigkeit halber muß ich aber noch etwas hinzufügen", sagte er nach einer Pause. „Meine Befreiung vom Alkohol habe ich auch noch aus einem anderen Grund nicht mir allein zuzuschreiben. Auch Iris hat erheblichen Anteil daran. Wenn sie nicht zu mir gestanden hätte, als ich tief im Dreck steckte – ich weiß nicht, was aus mir geworden wäre. Wahrscheinlich wäre ich immer tiefer abgerutscht und hätte mein Leben und meine Ehe total ruiniert. Also ist auch sie wesentlich daran beteiligt, daß bei mir eine solche Veränderung eintreten konnte."

Das verstanden Onkel Henner und Tante Margot, und sie nickten zustimmend.

Während der ganzen Zeit schon hatte Iris vor der Tür gestanden und gelauscht. Überrascht horchte sie auf, als das Gespräch einen so ganz anderen Verlauf als sonst nahm. Gern betrat sie jetzt wieder das Zimmer, setzte sich und beteiligte sich lebhaft an der weiteren Unterhaltung.

Es war schon spät, als Onkel Henner und Tante Margot gingen. Lange sah Iris ihren Mann an. Plötzlich war alles für sie ganz anders geworden. Sie war so erleichtert, so froh und gleichzeitig noch immer skeptisch.

„Was hast du?“ fragte Falko nach einer Weile.

„Sag mal“, kam es langsam über ihre Lippen, „was ist los, daß du heute so gesprochen hast? Es war ganz anders als sonst.“

„Wieso? Hat es dich verletzt?“ wollte Falko wissen.

„Nein. Im Gegenteil. Das, was du sagtest, fand ich so lieb“, entgegnete Iris.

Wieder schwiegen sie eine ganze Zeit.

„Ja“, kam es über Falkos Lippen, während er seine Hand hob und sich mit den Fingern über das Kinn strich, „ich war mal bei Oskar und hab' mich mit ihm unterhalten, weil ich mit deinem Verhalten nicht mehr klar kam. Daß ich heute so sprach, ist eine Folge dieses Gesprächs.“

„So, so“, nickte Iris kurz, und ein Schatten legte sich auf ihre Züge, die nun Enttäuschung verrieten.

„Nein, nein! Was du jetzt annimmst, stimmt nicht“, beeilte sich Falko zu versichern. „Ich habe vorhin nicht so geredet, nur weil Oskar es mir riet, sondern ich stehe voll dahinter. Ich wußte eigentlich schon vorher, daß du an meiner Befreiung ganz erheblichen Anteil hast. Ich habe es halt nur nicht gesagt. Und das war mein Fehler. Woher solltest du auch wissen, was ich denke und empfinde? Ich muß das schon irgendwie zum Ausdruck bringen. Das ist es, worauf Oskar mich gebracht hat."

„Da hat er sogar wieder mal recht", stimmte Iris zu. Sie lachte befreit, denn ihre Enttäuschung war jetzt gewichen.

„Was heißt, wieder mal?" wollte Falko wissen.

Iris gestand ihm, daß auch sie vor einiger Zeit bei Oskar gewesen war, weil sie ihr eigenes Verhalten und ihre Reaktionen nicht mehr verstanden hatte.

„Und das, was er mir sagte", fuhr sie fort, „entsprach der Wahrheit, obwohl ich es zunächst nicht wahrhaben wollte."

„Hast du das auch Oskar gesagt?" fragte Falko.

„Nein, bis jetzt noch nicht."

„Vielleicht solltest du das dann bald tun", überlegte Falko.

„Ja, das stimmt. Sobald es geht, werde ich mit Oskar sprechen", pflichtete Iris ihm bei.

„Wenn du nichts dagegen hast, werde ich dann mitgehen", schlug Falko vor. „Ich könnte mir denken, daß es sich für uns lohnt, wenn wir einmal zusammen mit ihm sprechen. Das wäre ja jetzt eine gute Gelegenheit."

„Wie meinst du das? An was hast du gedacht?" fragte Iris erregt.

„Zum Beispiel an unser weiteres Zusammenleben", entgegnete Falko ruhig. „Ich sehe ja immer wieder, daß wir unsere Vergangenheit noch nicht bewältigt haben. Wir haben doch noch Vorbehalte gegeneinander. Wir trauen uns nicht, offen miteinander umzugehen. Wir haben wahrscheinlich Angst, daß es Streit geben und wieder zu einem Rückfall kommen könnte. So werden wir auf Dauer aber nicht zusammenleben können. Vielleicht könnte uns da ein Gespräch mit Oskar weiterbringen. Oder?"

Iris sagte zunächst nichts. Sie dachte daran, wie sie manchen Themen ausgewichen war – wie damals, als schon die geringste Auseinandersetzung für Falko Anlaß zum Trinken gewesen war. Obwohl jetzt so vieles anders war, verhielt sie sich noch häufig so, als habe sich nichts geändert. Nachdenklich stimmte sie Falkos Vorschlag zu.

* * *

Wenige Tage später machten sich beide auf den Weg zu Oskar. Er freute sich sehr, daß beide zusammen kamen und begrüßte sie herzlich. Unbefangen schlug Falko den gleichen herzlichen Ton an, während Iris recht befangen war und verlegen vor sich hinsah.

„Ich, ich muß mich entschuldigen, daß ich mein Versprechen nicht gehalten habe", preßte sie hervor.

„Aber jetzt willst du es doch einlösen, oder?" fragte Oskar.

Erstaunt sah Iris auf: „Ja, wenn ich ehrlich sein soll, bin ich deshalb hierher gekommen."

„Na also, dann brauchst du dich auch nicht zu entschuldigen. Besser, ein Versprechen spät einlösen, als überhaupt nicht", meinte Oskar, der Iris aus ihrer Verlegenheit heraushelfen wollte.

Nachdem die drei in den bequemen Sesseln in Oskars Wohnzimmer Platz genommen hatten, kam Iris auf ihr Versprechen zurück: „Ich bin nur deshalb nicht sofort gekommen, weil ich mich schämte. Du hattest nämlich recht, als du annahmst, daß ich mit dem Rollentausch nicht fertig wurde, daß es mir zu schaffen macht, nicht mehr im Mittelpunkt zu stehen. Ich muß das mal so offen sagen, damit ich endlich Ruhe darüber bekomme."

„Das ist richtig und gut so", bestätigte Oskar. „Das was Satan verborgen halten will, müssen wir vor Gott ans Licht bringen; dann hat der Feind verloren. Dagegen haben wir verloren, wenn wir auf seine Einflüsterung eingehen: Das darf niemand erfahren. Die Bibel, das Wort Gottes, macht uns deutlich, daß das Fallen nicht das Schlimmste ist, sondern das Liegenbleiben. Wer aufsteht und sein Versagen vor Gott bekennt, der wird auch ganz bestimmt Vergebung bekommen. Dann gilt für ihn: Jesus Christus ist für alle, aber auch wirklich für alle Schuld gestorben. Wir müssen nur mit unserer Schuld zu Ihm kommen und Seine Erlösung im Glauben annehmen."

„Danke. Danke, daß du das so sagst", antwortete Iris leise und ließ den Kopf sinken. Niemand sollte sehen, wie ihre Augen feucht wurden.

Lange schwiegen die drei. Schließlich räusperte sich Falko und sagte behutsam, so als fürchte er, jemanden zu erschrecken: „Wir haben noch ein Problem, über das wir mit dir nachdenken möchten."

„Das können wir gern tun", sagte Oskar, und wer genau hinsah, konnte merken, wie er eine aufmerksame Haltung einnahm, bevor er hinzufügte: „Ihr wißt ja, daß ich keinem zu Gefallen rede, weil das letztlich nichts bringt. Ich versuche in dem, was ich sage, mit euch zusammen herauszufinden, was die Richtlinien unseres Schöpfers und Herrn in eurer Situation bedeuten. Denn Er weiß ja am besten, was für uns gut ist. Das ist so, wie wenn ihr zum Beispiel eine Küchenmaschine kauft. Da bekommt ihr auch eine Gebrauchsanweisung mitgeliefert, weil der Hersteller besser weiß als ihr, wie die Sache funktioniert."

„Das ist wahr", bestätigte Falko. „Das haben wir schon erfahren. Das Durcheinander, in dem wir stecken, ist ja nicht gekommen, weil wir uns nach den biblischen Maßstäben gerichtet haben, sondern weil wir nicht danach gefragt haben. Deshalb möchten wir jetzt die Richtlinien unseres Schöpfers für uns noch besser kennenlernen, um dann auch danach handeln zu können."

Anschließend erzählte Falko noch davon, daß er mit Iris in einer eigenartigen Phase stecke. Sie hätten große Scheu voreinander. Keiner wolle dem anderen zu nahe treten. Sie gingen sehr vorsichtig miteinander um, zu vorsichtig. Aber so lasse es sich auf die Dauer nicht leben. Einmal müsse das auch wieder anders kommen. Manchmal deute sich das ja schon an, wenn sie sich wieder härtere Worte zumuteten. Aber sie hätten dann immer Angst davor, daß es wieder Streit geben und alles von vorn anfangen könne. Und das wollten sie unter keinen Umständen.

Oskar legte die Hände in seinem Schoß zusammen und dachte nach, eine ganze Zeit.

„Ja", meinte er schließlich, „du bestätigst das, was ich schon sagte, nämlich, daß der Schöpfer am besten weiß, was für sein Geschöpf richtig ist. Wenn eure eigenen Richtlinien euch in der Vergangenheit auseinander gebracht haben anstatt zusammen, und wenn zu befürchten ist, daß das wieder geschehen wird, dann gebt doch eure eigenen Richtlinien ganz auf und versucht, euch nach anderen Maßstäben zu richten. Nämlich nach denen des Schöpfers, so wie wir sie in der Bibel finden. Richtet euch zum Beispiel nach dem aus dem Römerbrief: „Die Liebe sei ungeheuchelt. Verabscheut das Böse, haltet fest am Guten. In der geschwisterlichen Liebe seid herzlich gegeneinander, in der Ehrerbietung gehe eines dem anderen voran; im Fleiß nicht säumig, inbrünstig im Geist; dem Herrn dienend." – Wenn ihr das in eurem Alltag umsetzt, werdet ihr feststellen, daß, in dem Maße, wie ihr das tut, ihr zu einer Einheit findet, von der ihr im Augenblick vielleicht noch annehmt, daß es sie nicht gäbe. Ihr werdet dann ein Stück der Harmonie erleben, wie sie Gott von Beginn der Welt an gewollt hat, die aber durch den Sündenfall zerstört wurde. Und wenn ihr miteinander den Gotteswillen tut, wird auch keiner mehr dem anderen die Anerkennung neiden, weil jeder ein Stück vom anderen ist. Die Anerkennung des einen gilt also auch dem anderen, weil auch der andere zur Anerkennung des einen beigetragen hat. Und dort, wo ihr aneinander schuldig werdet, werdet ihr unter das Kreuz gehen, gemeinsam um Vergebung bitten und einen Neuanfang geschenkt bekommen."

Iris und Falko saßen noch bis tief in die Nacht mit Oskar zusammen. Als sie sich auf den Heimweg machten, stand für sie fest, daß sie es mit dem von Oskar aufgezeigten Weg versuchen wollten. Die völlige Lebensübergabe an den Herrn Jesus brachte auch für Iris die entscheidende Wende. Mit Falko war sie sich im klaren darüber, daß ihnen auch auf diesem Weg Belastungen nicht erspart bleiben würden. Aber die Lasten erschienen ihnen von der Art zu sein, wie es die Flügel für die Vögel sind, die sie aufwärts tragen. Und sie sahen Licht anstatt Dunkelheit in ihrer Zukunft.

„Und nun befehle ich euch Gott und dem Worte seiner Gnade, welches vermag aufzuerbauen und euch ein Erbe zu geben unter allen Geheiligten."

Apostelgeschichte 20,32